きっと今までになかった

相続の権利調整を考える本

税理士
田中　潤

歴史探訪社

まえがき

今まで数多くの方々から相続に関する相談を受けた中で強く感じているのは、相談者は本当に知りたいこと、知らなければいけないことを潜在的には分っているのだけれど、それをはっきりと自覚できている人は少ないということです。今、相続の問題が過熱していますが、多くの人が悩む必要のないことで悩み、逆にじっくり考えなければいけないことがおろそかになっています。

本書はこうした現状に鑑み、自分にとって本当に大切なことに気付いてもらえるような本であることを目指しました。相続にとって本当に大切な事——向かい合うべき権利調整について知り、それを必要な行動に結びつけていただければ望外のよろこびです。

※本書は、法律書または、相続税対策の指南書ではないので、文中の表現・設例等は、読者が分かりやすいようにある程度前提条件などを割愛しています。予めご了承ください。

平成27年7月

一般社団法人相続よろず相談所　所長

税理士　田中　潤

相続における権利調整とは

相続は亡くなった人の財産を、相続人が引き継ぐ手続です。

通常、財産は土地・建物・預金・株式など経済的価値のあるものですが、借入金や債務の保証人などマイナス財産というケースもあり、亡くなった人の権利と義務を合わせて引き継ぐ、という言い方も出来ると思います。また、一族のお墓のお祀りや無形の様々な儀礼の手続なども相続人は引き継ぐことになります。そして、これらの継承については、原則として相続人の中で話し合いがされ、決められます。

遺言書が残されていれば、その内容に従って相続が進みますが、相続人が遺言に納得しなければ相続人の間で、或いは相続人と遺言によって財産を遺贈された人や組織との間で争いも生じます。相続した財産についても、その取り扱いや処分についての

は様々な相手との交渉が生じますし、被相続人に借入金があったり保証人をしていたりすれば債権者との間で義務の引き継ぎを迫られます。

また、相続財産の額によっては相続税を納めなければなりませんし、その後、税務署からの調査があれば色々調べられ申告洩れがあれば更に納税をしなければなりません。

人は自分が亡くなった後に起こるこれらのことを案じて、生前に様々な準備をします。遺言書の作成・生前贈与・相続評価を下げるため評価額の低いものへの財産の組み替え、お墓の購入等いろいろあります。

相続においては、それに関わる被相続人・相続人が一つ一つの手続にそれぞれの立場での判断基準を持っています。そのため、権利調整が常に必要とされるのです。相続における権利調整は単純に自分の権利を主張し、利益を守るということではありません。それは家族の幸せと一族の平和を守るための活動なのです。

相続での議論や協議は、勝ち負けを争う、という観点では絶対にいけません。あくまで当事者皆が、大小の差はあれ納得することが必要です。皆が幸せになる、ということを常に頭に置いて、様々な権利調整をコミュニケーション豊かに進めて行きましょう。

きっと今までになかった
相続の権利調整を考える本

目次

第2章 遺言がある場合の権利調整

第3章 相続人同士の権利調整

第4章 税金に関する権利調整

MAGO

第7章　分割協議での権利調整

第8章 配偶者との権利調整

第9章 相続人以外との権利調整

相続
保証人
借金
相続
家庭
裁判所
3ヶ月
以内

第12章 預貯金の権利調整

第13章 相続する財産の権利調整

生命
保険金
相続
財産
相続
財産
相続
財産

第16章 債務・お墓の権利調整

漫画・イラスト● 稲塚亮二
デザイン・構成● ブルークロス
執筆協力● 中東慎吾・宮田洋子

第1章 二十一世紀ならではの権利調整

1 二十一世紀型相続の特徴　その1

何が昔と違うのか

超高齢化の進む日本の人口構造は、相続においても不思議な状況をつくり出していま す。やや極端な言い方ですが、例えば20年前は被相続人（亡くなった人）70才、相続人（財産を引き継ぐ人）40才という形で行なわれていた相続が、被相続人90才、相続人60才というようにそれぞれ20才ずつ高齢化していることが増えている、ということです。

そうしたことによってか、次のような特徴が目立ってきました。

❖ 被相続人は、長く生きた分だけ相続財産が増えている

❖ 相続人もすでに「老後」が近づいており、自分の相続についても考えなければならない状況になっている

❖ 相続人やその家族が被相続人に対する介護をした場合、介護の長期化に伴ない、その他の相続人とは、その寄与度が大きく違ってきている。また、相続人以外が介護するケースも多くなっている

❖ 少子化で夫婦間だけでの相続が増えると共に、残った1人が亡くなると相続人が兄弟姉妹になることも多くなっている。また、その場合、後に亡くなったのが夫なのか妻なのかによって、結果的にすべての財産が夫の兄弟にいくか妻の兄弟にいくかの極めて大きな分かれ目が生じている。「代々の家の財産」という考え方は、完全に消滅してしまうのである

❖ 生まれる人より亡くなる人の数の方が年々増えている

❖ 子が先に亡くなり、法定相続人が孫や被相続人の親になるケースも増えるなど相続の構図が複雑になっている

❖ 元々子がないために、支出が少なくお金を沢山残した人ほど、その相続財産が兄弟姉妹に流れることが増えている

❖ 法定相続人がいずに、遺産が国庫に収納されるケースも増えている

❖ 相続人の数が減ってきているため、1人当たり相続する財産が増える一方で、お墓を誰が受け継ぐかが一層大きなテーマとなっている

そして、経済の成長率が大幅に低下していく中で、相続人間での所得格差がなくなり、一様に被相続人の遺産に対しての依存度が高まっています。

こうしたことを集約して考えると、「相続税をいくら払うか」などより、「相続人及びその家族が将来も良い関係を築いていける相続の形」が何よりも大切であることが明確になっており、そのための権利調整が優先的に問われるのです。

まず初めに、被相続人への長期間の介護があった場合、介護した人が法定相続人であれ、そうではない人であれ、その人に一定の相続（遺贈）をさせる形が必要です。遺言だけでなく、世話をしてくれた人との書面のやりとり「ありがとうシート」のような形を生前に残すことを考えましょう。そして、その中に遺言を成立させる形式で一定の金額を記入するのです（別紙）。正式に遺言を書くこととは違い、贈与のような軽い気持ちで自分の世話をしてくれる人に遺産を渡せると思います。本当は国が相続に関する法律（民法）の中で考えていかねばならないことだと思いますが…。

次に、相続すべき財産を大きく分けると土地と預金（現金）とになりますが、土地の分け方については共有を避け、単独所有になるようにすることがポイントです。単独所有が望ましいと思われる背景には、高齢化と人間関係の希薄化があります。土地を共有にしてしまうと、将来処分することもままならず、資産としての価値は大きく減退します。新たな相続が起こり、知らないもの同士が土地を持ち合うことにでもなればリスクは更に高くなります。また、相続財産の構成上貯蓄も多いと思われるので、土地を相続する人とお金を相続する人にそれぞれ分けることもできるはずです。もし相続財産に預金がない場合には、土地を相続した人が自分のお金を拠出して他の相続人に支払う、ということも考えておきましょう。それには、代償分割という方法があります。これも、相続人がすでに高齢化していて、ある程度財産が蓄積されている可能性が高いので、考慮したい方法です。

最後は、お墓の問題です。祖先を祭祀し、法要を行い、寺や霊園に一定の手当てを行なっていくことは、それを担う相続人にとって過去の時代と比べ、大きな負担となっています。したがって、親は自分たちの墓の用意や祖先の祭祀について相続人に心配させないように生前に方向づけをしておきたいものです。また、祭祀を担う相続人には一定の相続財産を遺言などで付与しておく、というのも一つの方法となっていくでしょう。

ありがとうシート

＿＿＿＿＿＿＿さん、いつも私の介護をしてくれて、

本当にありがとう。

私に万が一の事があった時には、私の預金から

金＿＿＿＿＿＿＿万円を差し上げます。

年　　月　　日

住所

氏名　　　　　　　　　　　印

※すべて自筆で書きましょう。

21世紀型の相続の特徴って何？
結局誰かが亡くなったら相続人が財産を引き継ぐだけじゃないの？
まっ
!?
?
21
そんなことないわ！
例えばね……
嫁が介護に多くかかわったにも関わらず法定相続人でないため相続財産が0円ってことがずいぶん増えているのよ
えっ？そうなの!?
嫁への財産
¥0
それに超高齢化が進んだ日本では相続人も高齢なの
相続人に子がいない場合は先祖代々受け継いだものが全く別の血縁のものになることも多いのよ
平成20年
財産
享年90歳
平成27年
財産
享年78歳
平成3X《エックス》年
財産
嫁
80歳
嫁の兄弟
なるほど

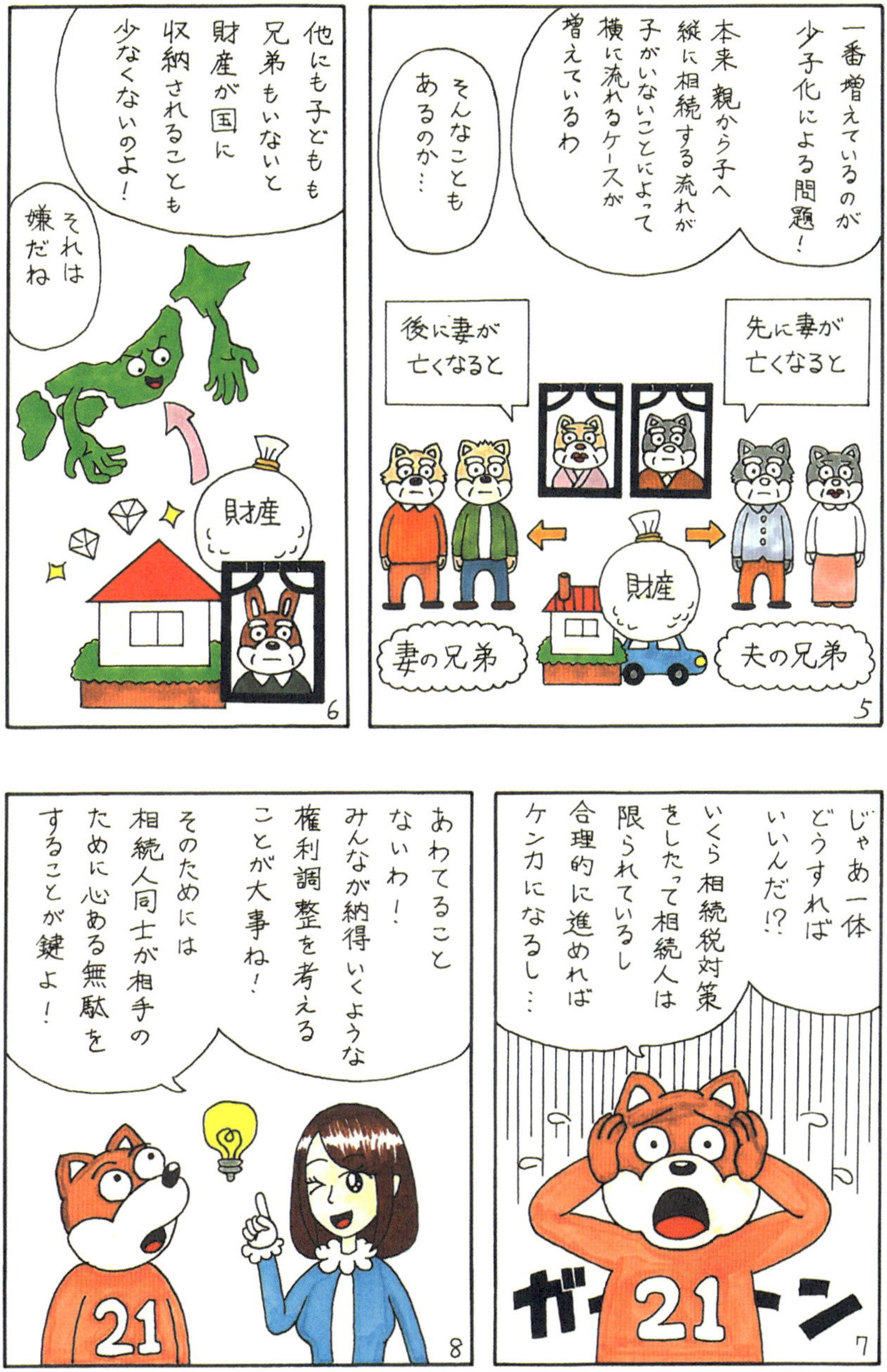
一番増えているのが少子化による問題！
本来 親から子へ縦に相続する流れが子がいないことによって横に流れるケースが増えているわ
そんなこともあるのか…
先に妻が亡くなると
後に妻が亡くなると
財産
夫の兄弟
妻の兄弟
他にも子どもも兄弟もいないと財産が国に収納されることも少なくないのよ！
それは嫌だね
財産
じゃあ一体どうすればいいんだ!?
いくら相続税対策をしたって相続人は限られているし合理的に進めればケンカになるし…
ガーン
あわてることないわ！
みんなが納得いくような権利調整を考えることが大事ね！
そのためには相続人同士が相手のために心ある無駄をすることが鍵よ！

2 二十一世紀型相続の特徴　その2

相続税の特例が使えない

日本では高齢者、そして、独り暮らしの世帯が将来的に急増することが見込まれています。これは戦後70年の平和な営みの中で夫婦の内1人が残り、そのまま1人暮らしになるケースが多くなっていることと、元々結婚をしないできた人が高齢者となり、親とも死別し、1人暮らしとなるケースが増えていることによります。こうした人たちに相続が生じた場合、相続人の相続税負担額は大きくなる可能性があります。まず一つは、亡くなった人が居住していた土地を相続した場合、小規模宅地の特例による減額が使えないからです。

この制度は、被相続人が居住していた不動産に同居していた相続人がその後も住み続ける場合、土地については100坪（330㎡）までは評価額を80％減額出来るという制度です。

例えば、相続税評価額が6000万円である60坪の土地を相続し住み続けた場合、相続財産の価額は1200万円（6000万円×（1−0.8）＝1200万円）となるのに対し、相続人が居住していなかった場合は特別な場合を除き6000万円がそのまま申告すべき価額となるのです。相続人が1人の場合、すべての財産の合計額が3600万円を超えると相続税は課税されるので、この土地に居住していなかった場合はこれを相続しただけで相続税を納めなければなりません。

今後はこうした形で、小規模宅地の特例が使えないために相続税を課せられるケースがどんどん増えていくと思われます。何故なら高齢化社会が進む中で、相続人自身が高齢化しており、1次相続では同居している相続人（妻）が小規模宅地の特例を受けることが出来たとしても、その相続人が亡くなった時には次の相続人（子）は同居していなかった、ということが多くなっていくからです。

もう一つの相続税課税拡大の可能性は配偶者がいなくなっていることです。相続税の申告上、相続財産の合計額の内、配偶者の法定相続分または配偶者の相続する財産が1億6000万円までの金額のいずれか大きい金額に対する相続税は免除されます。1次相続、つまり、配偶者がいる場合は基本的に全体の相続税は最低でも半分は免除される仕組みです。この特例は親から子への相続では適用されません。つまり、配偶者不在の2次相続が今後確実に増していくことが予測され、当然これに伴なって相続税の課税を受ける人は多くなっていくことになるでしょう。

3 二十一世紀型相続の特徴　その3

土地の取得の仕方が変わった

昭和が平成になった頃、土地の価格が急騰したことにより、借金をして土地を購入し相続税評価を下げることが、相続税対策の大きなテーマとなりました。その後、土地の価格が下落し、相続税対策をした当人が借金負担で苦しむことがしばしば生じました。そうした苦い歴史を経て、今、新たな相続税対策として土地を購入することが見直されようとしていますが、次の点がバブル景気の頃との大きな違いです。

まず、以前のように住宅向けの新築アパート建設ではなく、駅の近くなど交通の利便性の良い場所での事業者向け（テナント）の中古収益物件を検討する必要があります。すでに空き家が増えている住宅は、将来的にますますリスクが高くなります。立地の良いテナント物件なら、たとえ退出されても新たな入居者がすぐに見つかります。相続税上土地の評価額を下げるだけでなく、自分や相続人の日々の生活の糧になる収入をもたらす不動産の取得が重要なポイントです。

そして、もう一つは借金ではなく現金、つまり手持ちのお金で買うべきだということ

二十一世紀
相続対策のイメージ図
新築のアパート
テナントビル
駅
駅近のテナントビル
現金で払います
不動産

です。これも、将来相続人に返済義務のあるマイナスの財産を残さない、という方針として大切な心得です。と同時に、四半世紀前と比べ沢山の人々が多額の資金を持つ時代になっていることが背景にあります。沢山あるお金を、そのままの価値で評価される形でなく相続税評価の低い土地という形に変える、という積極的対策です。低金利の預金を抱える一方で、高い利子のある借入をする必要はありません。要するに、土地の購入はピンポイントの視点で考えるのであり、安易な賃貸住宅の建設など、相続税の節税を囁く業者の甘言には注意が必要です。21世紀型の土地の取得には、税金対策というよりも将来の相続人に良い財産を残していこうとする、相続させる側からの財産の権利調整という配慮があるのです。

第2章

遺言がある場合の権利調整

1 法定相続の基本と遺言について

日本で相続に関する法律は、民法です。ここに亡くなった人の財産を相続できる人は誰なのかが規定されており、相続手続は民法によって決められます。

具体的にいうと、相続人は亡くなった人（被相続人）の配偶者と子です。子が亡くなっていればその子（孫）、更にその子（直系卑属）へと相続人は引き継がれ（代襲され）ます。但し、直系卑属を含め子がいない場合には亡くなった人の両親（直系尊属）、更に両親がいなければその親へと遡っていきます。直系尊属がいない場合には、亡くなった人の兄弟姉妹が法定相続人になります。そして、この兄弟姉妹が亡くなっていた場合には、兄弟姉妹の子が相続する権利を持ちます。そして、その人たちもいない場合は、すべて配偶者が財産を相続することになります。

配偶者の法定相続分は子がいれば1／2、直系尊属の場合には2／3、兄弟姉妹の場

法定相続人の範囲
（被相続人から見て）

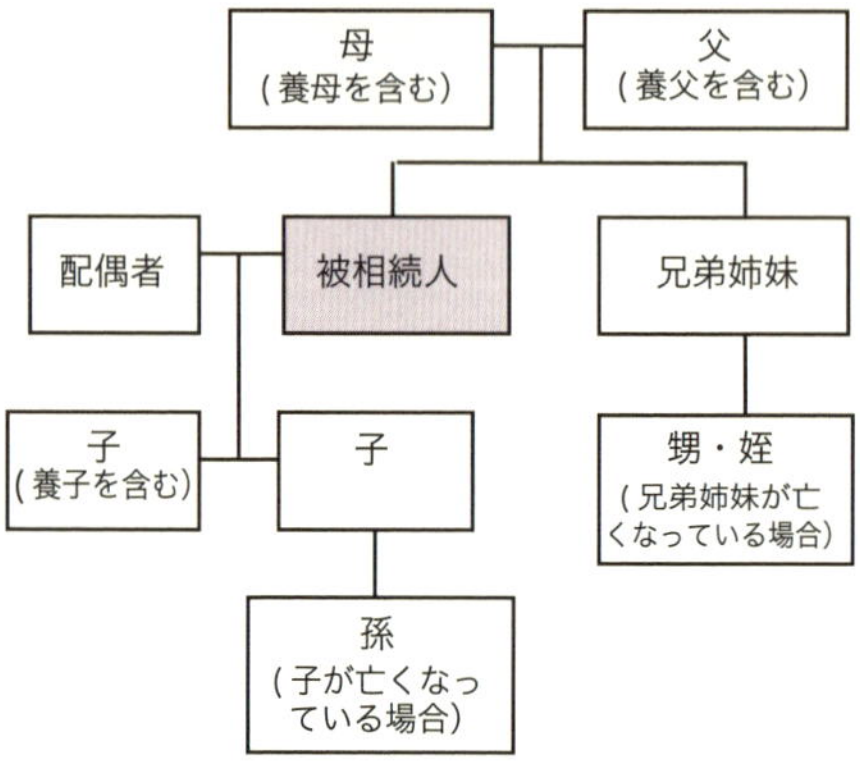

配偶者は常に法定相続人
第１順位　子（養子含む）
第２順位　父、母
直系尊属
（更に、その父母へ遡る）
第３順位　兄弟姉妹
更に，兄等が亡くなっていればその子（甥・姪）までは可能性あり

合は３／４です。一方、配偶者がいなければ子はすべて、配偶者も子（直系卑属を含む）もいなければ直系尊属がすべて、配偶者も子も直系尊属もいなければ兄弟姉妹がすべての財産の相続人になるわけです。最後に、今迄登場した人が誰もいなければ、被相続人の財産は国に収納されることになります。被相続人がこうした流れに自分の遺志を盛り込むのが遺言です。

　遺言により右記の相続人の法定相続分を変更することが出来るほかに法定相続人でない人や会社、或いは、行政機関など被相続人が譲りたいと思うところに財産を引き継ぐことが出来るのです。子がいる場合に、法定相続人の順番では相続する権利のない自分の妹に土地を残してあげたい時なども遺言を書く必要があります。また、子の中でも他の子より多く財産を渡したい子がいる場合も遺言の力が必要です。遺言は法定相続の形を崩すことができるもの、或いは法定相続分という原則的な取り決めを自分の力で変更できるもの、と理解して下さい。遺言はこのように強い法的効力をもっているので、その書き方、つまり手続の仕方にはいろいろルールがあります。ルールを破ると無効になるリスクもあります。だから、若干手数料はかかりますが公正証書にして作っておくと安心です。自分に万一のことがあった時、「この人にこれだけあげたい。この組織に寄付したい。…」と考えているならば、必ず公正証書遺言にしておかなければならないと言ってよいでしょう。

2 遺言を書く理由

遺言を書くということは、自分の死後財産をどうしたいかという思いを残された人に伝えるという自然な目的と、限られた法定相続人にすべての財産が行ってしまうことを防ぐという積極的意義があります。

前者は、法定相続人の誰に何を残していきたいかという仕分け作業です。法定相続分と大きく食い違うような遺言であれば遺留分の減殺請求などの争いも生じますが、それはもらう人達の中での問題であり、片寄った遺言でも相続人が誰も異議を唱えなければ、そのまま遺言通りの相続（遺言で財産を贈与する遺贈を含む）が行なわれるわけです。また、もし相続人全員の合意があれば遺言書とは異なる相続も起き得るわけで、相続人の間での権利調整がうまくいけば大きなトラブルになるようなことはほとんどありません。つまり、ここでの遺言書の意義は法的に有効であるかどうかということより、被相続人の思いを相続人に伝える手段としての役割にあります。

一方、法定相続人以外に財産を譲るということは、亡くなった人が法定相続人には相続させたくないか、或いは特定の誰かにどうしても譲りたいということであり、遺言を書かなければ絶対に起こらなかったような財産の相続が遺言書一つで決定的な事実として確定することになります。自分の故郷の町に全財産の内１／５を遺贈する、公益法人に１０００万円を遺贈するなど遺言書にその人の思いが記されれば、法定相続人はそれを容易に覆すことは出来なくなるのです。それだけに法定相続人以外への極端な遺贈は大きなトラブルが起こる可能性がありますから、遺言を書く人は、なぜそのような遺言を書いたのか、自分の考えをしっかり遺言書の中に残すことが重要です。

超高齢化の時代を迎えて、遺言を何度も書き換える人も増えています。最も日付の新しいものが有効になります。ただし、作成は公証人に依頼してきちんと公正証書にしておかなければなりません。相続人以外に財産を譲るはずが、形式不備で法的に無効になってしまう遺言書ほど情けないものはありません。

3 遺言を書く時に気をつけること

遺言は自筆で書いてもルールに従って書けば有効ですし、自分の思いや伝えたいことなど読んだ人に気持ちを残す内容の時はそれで良いのですが、財産を誰に遺すかというような経済的利益にかかわるものは間違いがあると争いの元になるので公証人役場で公正証書にすることが必要です。

自筆遺言の場合、まず有効であるかどうかを確認するために家庭裁判所の検認を受けるという手続が必要となり、無効とされれば遺言の内容は相続に影響を与えることが出来なくなります。又、形式は整っていても遺言を書いた時のその人の能力（認知症等の有無）が問われ、効力が争いになることもあります。こうした煩わしいトラブルが基本的に起きない公正証書が、自分の思いを確実に残す為の遺言としては最も無難です。遺言を書く人が自分の原案を公証人に伝えると具体的内容と自分の思いも合わせて書類にまとめてくれます。公証人役場に行って証人を2人用意して読み合わせをし、署名押印します。手数料は例えば1億円の財産を1人の相続人に相続させるという内容で5~6万円です。また、財産を受け取る相続人の人数や財産の金額が増えるほど料金が上がります。

相続の際、遺言に書かれた手続を実際にすすめてくれる遺言執行者を遺言書の中に定

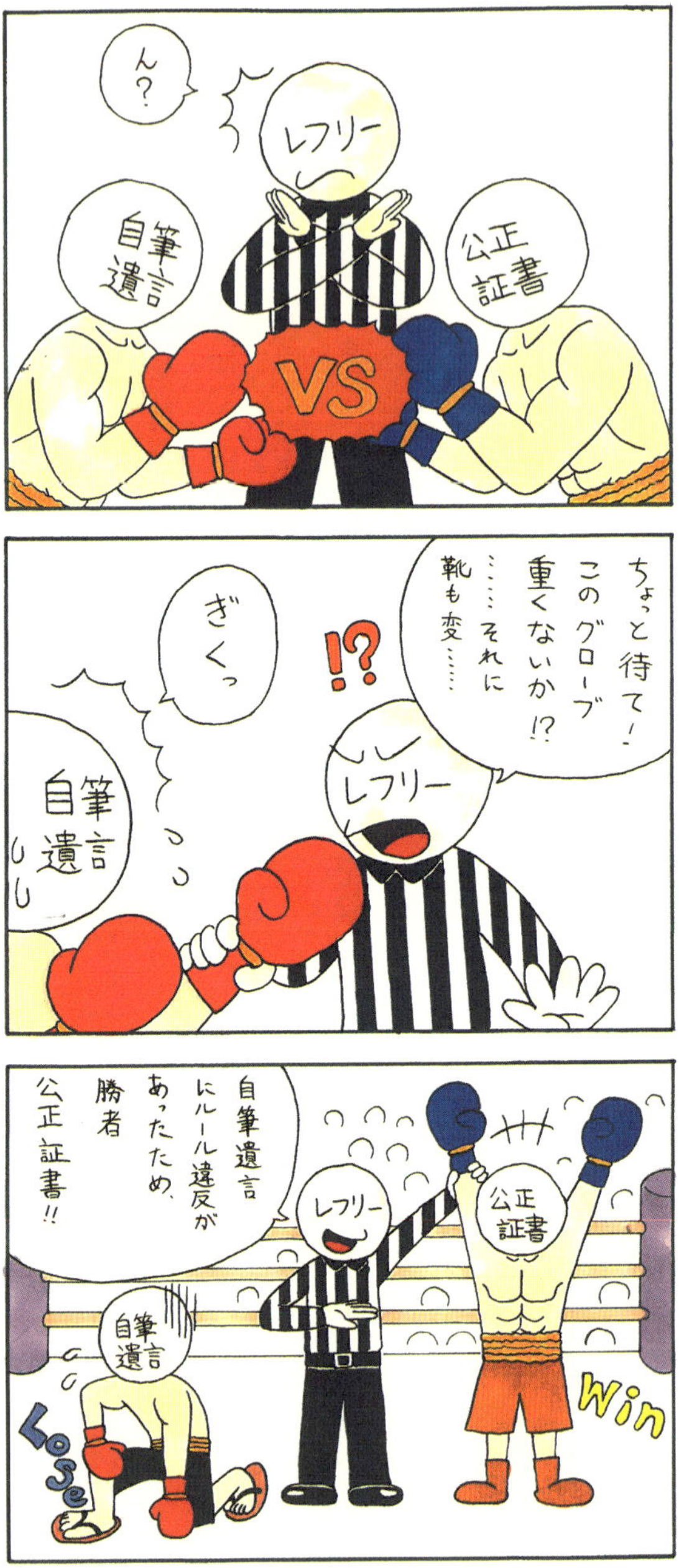

めておくことも考えておきたいことです。遺言の内容等について相談をしてきた税理士や弁護士がいれば、その人になってもらうことが一般的です。

遺言執行者を将来の法定相続人の誰かにしておくことも無論一つの方法です。ただし、その人に相続財産が集中すると他の相続人の不満が募る可能性がありますので注意してください。いずれにせよ、遺言を書く場合は自分の思いの結果、財産の分け方に独自性が出ることが多いので、なぜそういう分け方を指定するのかという心情を具体的に織り込んでおくことはかなり重要です。

何をどう分けるかという法定の遺言事項を書くことが遺言の目的です。しかし、その分け方をする自分の思いを付言事項として遺言書の中で明らかにしておかないと、トラブルが起きることは少なくないので、なるべく具体的に記してください。

◉付言事項を入れる遺言書の例◉

・遺言書　全財産を子Aに相続させる

《付言事項》　子Bは親の言うことを全く聞かず、勝手に家を飛び出し、行方不明である。今まで苦労をかけたAにすべての財産を相続させることでAに報いると共に、先祖の祭祀をしっかり努めてくれることを希望します。

4 遺言執行者の選び方

自分が亡くなった後、自分の代わりに遺言を実行する人（遺言執行者）を決めておくかどうかは任意ですが、遺言執行者を決めておかないと相続に関する手続もいちいち相続人全員の印鑑を押してもらわねばならないなど複雑になるリスクがあるので、なるべくなら決めておきたいものです。決めるとしたら、遺言書の作成を一緒に考えてくれた人が有力候補です。元々、自分が「こうしたい」という思いを生前伝えていた人に遺言の執行をお願いするのが望ましいからです。法定相続人が選択肢の一つになりますが、遺言書に法定相続人以外へ財産を譲りたいという思いを遺す場合、遺言執行者は当然法定相続人以外にすることが必要です。法定相続人の総意で遺贈されるべき第三者への財産の移転が行なわれなくなる懸念があるからです。遺言執行者は、遺言書の中に明記しておきます。

では、誰にお願いするかですが、通常は財産の金額の確定や相続税の計算など相続時に様々なことを依頼することになる税理士がよく、法律的に相続人同士の争いになることが予見されるような時は弁護士が良いでしょう。

相続では、遺産分割協議と相続税の申告が二つの大きなテーマとなります。通常の場

合それを同時進行で進めるのが、税理士です。さらに、遺言執行者となることで主体的に進めることができることになり、より相続の進行がスムーズになるわけです。元々、被相続人とは生前から懇意にしていたケースも多く、それだけその意を汲んだ動きをしてくれる可能性が高くなります。相続に関してほとんどの業務をこなしてくれるので、依頼する側には金銭的負担が少なく済むというメリットもあります。弁護士を遺言

執行者とする場合も、生前から相続の問題について深刻な相談をしていたわけでしょうから、その人に諸事を託すことが安心です。

こうした場合、不動産の登記なども税理士や弁護士が業務上連携している司法書士への発注と登記のタイミングなども管理をしてくれるので、相続人が自分で色々な専門家を捜す苦労も防げます。費用についても通常は相続手続完了までは発生しないので、支払は相続によって取得した資金で賄えますので、安心して仕事を任せられます。

5　遺言のメリットをもう一度考える

遺言を書くことは、自分の思いを相続人に伝えるという一つの自己実現という目的の他に、相続人の立場を守る決定打になり得るという側面があります。

それは、遺言によって本来遺産を貰えるはずのない人が貰えるようになるという僥倖的なことではなく、貰えるべき人が貰えなくなったり貰いにくくなったりすることを防ぐためにカードを切る、ということなのです。

例えば、再婚した夫婦で夫名義の不動産だけが唯一の財産である場合について考えてみましょう。夫と前妻との間に子がいた場合、夫が亡くなればこの不動産の相続分は妻と前妻の子とで1／2ずつとなります。つまり、この不動産の相続を巡って妻は前妻の子と厳しい分割協議をする可能性が十分にあります。

例えば、その子が親と全く付き合いがなかった場合などは、他人の女性（父の後妻）がその家に住み続けることを受け入れず、不動産をお金に変えて分割することを求める可能性が大きいでしょう。そうなれば、妻は家を処分しなければならなくなります。こんな時、もし「不動産を妻に相続させる」と遺言があれば、妻は優先的にその不動産を自分のものに出来る可能性が高まります。

というのは、仮に先妻の子が遺言を不服として遺留分の減殺請求を求めたとしても法定相続分である1／2の1／2、つまり、1／4の権利主張に止まるからです。

また、遺言書があれば不動産の名義変更の登記が可能になります。つまり、他の相続人の同意を得ることなく、不動産を単独で自分の名義に変えられるわけです。これは他の相続人に連絡が取れない場合、或いは取りたくない場合に非常に有効です。他の相続人にハンコをもらわなければならないという仕事がないことは、大幅なストレスの軽減になります。つまり、遺言書に被相続人の意志が書かれたことで、他の相続人は自ら異議を申し入れなければそのまま遺言書の通りになるという流れが妻を厳しい分割協議の争いから守ってくれるわけです。

遺言書は書かれた内容により相続人の権利が確定する、という原則の意義は当然ありますが、遺言で財産を相続した人が相続手続を単独で出来るという効果が実は大きなメリットと言えるのです。

6 遺言の言葉の重みと権利調整

◉遺贈すると相続させるの違い

遺言により財産を特定の人に譲ることを遺贈と言いますが、遺言書を書く場合、相続人に対しては財産を「相続させる」と書くことが必要です。「相続させる」と書くことで受け取った相続人は、例えばその財産が不動産ならば自分で相続登記をすることが出来ますが、「遺贈」と書くと相続人全員の協力（押印）が必要になります。もちろん、相続人以外の人が財産を譲られる場合には「相続させる」と書くことは出来ないので「遺贈する」としか書けません。

また、遺言執行者を決めると遺言執行者が執行手続について一切の権利義務を有することになり、相続手続は各相続人の意向に関わらず、遺言執行者によって行なわれることになります。遺言を書く時は自分の考えが速やかに実行されるためにも遺言執行者を決めておくことをお勧めします。

ところで、遺言執行者がいる場合でも、「相続させる」とされた不動産の登記はその相続人本人しか出来ませんが、実務的には遺言執行者が登記を出来なくても不動産を相続した相続人が独力で登記を出来るのだから執行上問題ない、ということなのでしょう。

◉予備的遺言

遺言で財産を譲ろうとする時、自分より譲られる人の方が先に亡くなってしまう事態に備えて、「その場合には別の人に財産を譲る」という文書を遺言書に加えておくことを予備的遺言と言います。受贈予定者が亡くなってしまった時に改めて遺言書を作り直すことが体力的に困難と思われるときには、こうした形式がとられることもあります。

二十一世紀も順調に年を重ね、財産を譲る人と引き継ぐ人が共に高齢化したことで順番が前後することが決して珍しくない光景になっています。

7 遺言の内容と違う遺産分割をしていいのか

遺言が書かれていた場合、相続人はこれに沿った相続手続を行なうことが原則です。但し、その通りにいかないケースがいくつかあります。

一つ目は、特定の相続人のみに財産を相続させる内容となっており、財産を相続出来なくなる他の相続人が納得しない場合です。法定相続人の法律上保護される財産をも侵害される状況が遺留分の侵害であり、法的に遺言を覆すことが可能です。これ以外でも相続人同士で被相続人から指定された財産より相手の財産の方を欲しいということもあります。また、遺言を書いた時から時間が経過して書かれた内容の財産と亡くなった時の財産の構成が大きく変わっていることもあります。また、もう少し複雑になりますが、書かれた内容が相続人全員の総意として相続時の状況として納得できないこともあります。更に、財産を相続する人や法人が相続時には既に亡くなっていたり、消滅していたりすることもあります。相続人が行方不明ということもあり得ることです。

こうした場合、遺言の内容と異なった分割をすることは当然に起こります。相続人が行方不明の場合や相続人以外の人への遺贈（財産を特定の人に譲ること）の場合には、一定の手続が必要となりますが、相続人全員が遺言書を確認し、相続人の中だけでの相続が指定されており、遺言書の内容と異なる分割をすることに全員が合意した場合、それが実際の「相続の形」ということになります。

例えば、ある財産を遺言で指定された人とは別の相続人が取得しても相続になります。元々遺言で指定されていた人からの贈与にはなりません。分割協議を行なった後に相続人の間で財産の無償での移転があった場合に、贈与とみなされ増与税が発生するのとは異なった扱いになります。遺言があった場合の相続は、いろいろな解釈が生じるということを覚えておいてください。

8 遺留分の主張は迅速に

遺言書があれば、財産を「相続させる」と書かれた相続人はその行使をするにあたって他の相続人との遺産分割協議を必要としません。例えば、遺言で相続する不動産の名義変更登記は、他の相続人の印鑑も印鑑証明書も無しで手続ができます（遺贈の場合を除く）。遺言書の効力は絶大であり、それだけに遺言書が無効となってしまっては、元も子もありません。

無効という意味には、書式や内容等、具体的な中身が執行できないということだけでなく、遺言書そのものが紛失してしまうことも含まれます。また、遺言書の文書で「相続させる」「遺贈する」等文言一つでも受け取った側に重大な違いが起きることも自筆のリスクとして挙げられます。遺言者が１２０才になるまで遺言書が保存され、内容についても相続の際誤った解釈のないよう公証人の吟味を受けられる公証人役場で公正証書遺言を作ることが、やはり大切な判断だと思います。

さて、遺留分とは、本来相続人が相続することのできる一定の遺産を遺言書によって侵害された場合、相続人として主張できる権利のことです。（子・配偶者は法定相続分の１／２）しかし、あくまでその相続人が自分の相続分が不当に少ないことを主張して初めて受け入れられる制度なので、黙っていれば遺言書が優先されてしまうわけです。通常、相続を知った日から1年以内に、「遺言書に記載された相続に不満があり自分の相続分を主張する」、という遺留分減殺請求を起こさないと、時効により相続はできなくなります。

例えば、遺言書の存在も確認せず何年も相続についての遺産分割協議を怠っていたら、いつのまにか他の相続人によって遺言書にしたがってすでに相続が完了していた、などということも有り得るので、相続があったら遺産分割に関する協議は必ず1年以内に行なってください。

9 遺留分請求を退ける

日本の民法では、法定相続人にしか相続の権利がない一方、法定相続人であれば、いわゆるドラ息子のように全く家族の和に協調しなかったような相続人でも相続する権利は絶対です。

遺言を書くことで法定相続人であっても相続させないことはできますが、もし相続人が遺言を不服として裁判で争えば、その相続人の法定相続分に対して1／2（直系尊属は1／3）の権利は守られます。

つまり、元々法定相続分が1／4であれば1／8、1／5であれば1／10は確保されるのです。これが遺留分です。遺言書を書くにあたり、この遺留分をできるだけ認めさせない具体的方法があります。遺言書に、法定相続分より多目に相続させたい相続人がどれだけ自分のために貢献したか、または、財産を相続させたくない相続人がどれだけ自分に対して不利益を与えたかを付言事項として書いておくのです。

遺言書を書いた当人はもうその場にはいないわけですが、逆に動かぬ真実として、その内容が自己の権利を主張する相続人の思惑を抑え、遺言書どおりとはいかないまでも、遺留分を更に下廻る形で相続財産の分配が決着することも充分あり得るわけです。

また、一つの常識として、被相続人からそのような言葉を残されれば、自分の権利を振りかざすことに一定の抑制がかかるのではないでしょうか。

10 死んだら財産をあげる約束

ある人が誰かに自分の財産の内、具体的にこれを「無償であげる」と言い、その誰かが「受け取る」という意思表示をすることを贈与といいます。この考え方に沿って、例えば「自分が亡くなったら預金１０００万円をあげます」と言い、相手がありがたく「いただきます」と応じて話が決まった場合、亡くなって初めて贈与が成立するので、この約束を死因贈与契約と言います。

これは、亡くなった人が一方的に誰かに財産を譲る（遺贈する）という遺言と異なり、当事者同士の合意の元に財産が移転する、という特徴があります。問題なのは、財産を渡すと言っていた人が亡くなっていることです。公正証書で死因贈与契約を担保していれば、相続手続の一環として遺言の執行と同様に受け取る人（受贈者）は自己の財産として引き継ぐことができますが、受贈者が法定相続人でない場合、口頭で決めていただけでは、本来被相続人から相続を受ける法的権利はありませんので、法的相続人から異議を申立てられた時には、それに対処するのは非常に困難です。

不動産の場合には、公正証書を作成の上、始期付所有権移転の仮登記をし、亡くなったら名義変更できる登記の方法があります。現預金の場合も、もらうという約束をした時に必ず公正証書を作っておくようにしてください。なお、死因贈与は相続税法上は遺贈に含まれるので、相続財産として相続税が課されます。但し、被相続人の全体の相続財産が相続税の課税最低限以下なら、相続税の対象にはなりません。

一方、生前贈与でもらえば、年間１１０万円を超えると贈与税が課されます。死因贈与はこうした面からも生前に贈与するよりもメリットがあるわけで、渡す側ともらう側の信頼関係の密度と贈与される財産の金額が大きいほど死因贈与契約をする意義は増すといえるでしょう。

11　無縁になる人は自ら遺産の方向づけをしよう

遺言を書かない限り法定相続人以外の人には財産は残せません。法定相続人がいない場合には、財産は国庫に収納されます。

具体的には、亡くなった人のおじ、おば、いとこには相続する権利がないので、生前いろいろお世話になったかなり親しい親戚でも法定相続人には該当しないことも十分考えられます。また、友人や縁のあった学校、サークルなどに財産を残す方が勝手に国庫に入るよりはよほど意義がある、と考える人も多いと思います。こうしたケースでは、とにかく遺言書で誰に財産を譲るかを書いておくことが必要です。手続の方法としては、公証人役場での公正証書遺言が必須です。

公正証書遺言を作る場合、まず第一に、自身の死後の世話をしてくれる人である遺言執行者を決め、遺言書の作成を始め、その人に死後の財産の采配を託すのです。弁護士や税理士など有資格者でも友人でもかまいません。自分として信頼できる人に任せましょう。

次に、具体的な遺言の内容ですが、まずは財産を誰に譲りたいかを記載します。親族でも会社でも社会的な機関への寄付でもかまいません。自分の財産を死後有効に役立てる、という視点で書けばよいのです。仮に、遺言記入後、その財産を費消し相続時にはなくなっていたとしても、これは仕方がありません。

あくまで、遺言を書いた時点での財産をその時の思いでどうするか決めるだけであり、書いたからといって拘束される必要はないのです。内容をいつ書き換えるかも自由です。

また、生きている間に体調が悪くなり、自分の判断で財産を処分したり自分自身の生活資金のやりくりも出来なくなることも考えられます。その際、住んでいる不動産を処分してお金に換えたり、施設を購入したり様々な判断が必要になります。そうしたことも遺

言と一緒に予め遺言執行者に依頼しておくことが、非常に重要です。無縁になる可能性がある人は、生前から遺言執行者と連携して行動しておくことが必要なのです。

もし遺言した人が亡くなれば、執行者は遺言書の控え（正本）を持っているので、すぐ相続手続に入ります。そして、執行者は法的には相続人の代理人であり、また事実上遺言者自身（亡くなった人）という立場なので、様々な手続もスムーズに行なうことができ、遺言書の通りに財産が遺贈されることになります。

12 生前に自分の考え方を伝え残しておく

日本は超高齢化社会へと邁進していますが、それに伴い晩年は病院で寝たきりになってしまう人も増えています。痴呆や脳死などで自らの意志が表せなくなった後で、生きるための自力での食糧補給が困難になった場合に施される延命治療を自分自身に行ってもらうかどうかは、すべての人にとって重い課題です。

遺言書は死後の財産の方向を自らが定めるものですが、生前の内でも意志のある時とそれが無くなった時という分け方をし一定の方向づけをすることは、今後ますます重要になっていくと思います。これについては、遺言書とは別に〝自分の思い〟をまとめておく習慣を普及させなければなりません。自分が自分で無くなった時にはこうしてほしい、という一つの方針を誰かに委任しておくわけです。

尊厳死は最も大切な意思表明ですが、それ以外にも財産の活用や家族への役割の指示なども重要です。医師や病院との連携も必要ですが、菩提寺や教会などと元気なうちにそうした手続を取り交わしておくことも意味があります。日頃から継続的に関わっている所に自らの意志を残しておくことで、一定のサポートをしてもらえるはずです。

これは、相続における総括的な権利調整とは異なりますが、自らが生きているうちに築き上げたご縁を生かしてお願いしておく思いやりの輪、という位置づけです。結果的にその方針に基づいて動くことで、家族間において一定の権利調整が行なわれることには変わりありません。

第3章

相続人同士の権利調整

1 相続人は無駄だと思うことを進んでしよう

相続を円滑に終わらせ将来も相続人同士が仲良く付き合っていくためのコツとして、相続手続に於いては自分にとっては無駄（益のないこと）だと思うことを進んでする、という心構えが大切です。

無駄とは、もう少し具体的にいえば相手（人）に対して思いやりをもって対応していく心構えを持つことです。最も明確な方法は、財産の相続について自ら譲歩する、つまり円満な遺産分割が出来そうだと判断したら、自分の取り分を法定相続分より少なくしても良いと積極的に申し出ることです。無論、その背景には相手が望んでいる相続の形を察知して、それに合わせた対処をするという気配りがあるわけです。

相手のためにする無駄は、たくさんあります。皆が価値があると考える財産を自分は相続しないように自然にふるまう、相続に関する様々な手続きについては率先してまとめ役となり作業をする、誰かが勝手なことを言っても我慢して言わせてあげる等々、無駄だと思う時間を費やすことをごく当たり前に心掛けることが大切です。

印鑑証明書や戸籍謄本なども他の相続人から「取ってきてほしい」と言われたら快く速やかに取ってくる、こんな小さな自分の中では無駄なことと思うようなことをきっちりやることが、最終的に円満な相続につながっていくのです。相続手続というのは合理的に考えては何もまとまらないことの連続です。にもかかわらず、最も重大な行為である遺産分割において法定相続という考え方は象徴的とも言える合理的発想であり、被相続人との個々の関係を鑑みれば、どの家族もまったく同じ割合で財産を分けるなどという発想は実は非合理極まりないとも言えるのです。それだけに、一度建前だけの合理性を排除し、自分には損だと感じても相手の立ち場で考えてみることが重要なのです。

考え方のポイントは「心ある無駄をする」という言葉に集約されます。相手のことを考えて行なう無駄の思想は、実は最も大切なことなのです。そして、それが幸せな相続のための最大の権利調整です。

2 親の面倒をみた人を守ろう

被相続人の晩年の介護をした子の貢献度を相続の遺産分割の際に考慮する措置として、寄与分という考え方があります。これは、元々相続人の間でそうしたある特定の子の貢献を皆が認め、その子を優遇した遺産分割がされればそれまでのことですが、そうした配慮がなされなかった場合、その子がこれを不服として法定相続分以上に自分の取り分を主張しようとした場合に根拠となる概念です。

つまり、相続人の間でトラブルが起きた時の為の考え方なのですが、裁判所が絡んでくるので過去の貢献を客観的に示すことは難しく決め手に欠けることが多いようです。

親が高齢化していく中で、子がその介護をする期間は長期化しています。無償労働の時間が確実に増えていくなか、子がその貢献について親から一定のお墨付きをもらっておくことが確かな方法です。

原則的手法としては、遺言書に自分の貢献の内容を明記してもらうとともに具体的にその子が引き継ぐ相続財産を明記してもらうことです。

もう一点は、生前に親の財産から一定額を贈与してもらうことです。こうした場合、

財産は均等に分けよう
ちょっと待って!!
財産
財産

私はお母さんの面倒を毎日、まいにち、みてきたんだよ

だから財産は私が多くもらうわ
これはお母さんからも認められてることなんだから
財産
財産
証明書
家
土地
財産

一般的には相続時精算課税制度により2500万円迄の贈与は申告をすれば無税（特別控除額）として扱われるので、早目に親にその手続きを頼むと良いでしょう。親が痴呆になって成年後見人が必要になってしまうと、こうした処理は非常に困難になるので注意したいものです。

最後にもう一言。親の面倒をみる時に日常のお金の出し入れも明確にし、親のために自分のお金を使った場合には詳細なメモを残しておいてください。遺産分割協議の際に親に対して立て替えたお金として相続財産から返済してもらうことができますし、具体的に親の為に自分が貢献した事実を証明する裏付けにもなります。

3 代表相続人の役割を決める

相続人は1人の時もあれば5人、10人ということもありますが、現代の日本では5人以内のことがほとんどです。こうした場合に、相続人の中でリーダー的役割の人が必要になります。その人を代表相続人と呼びます。

各人に相続手続に必要な書類を依頼し、まとめたり、皆の委任状を取りまとめて銀行

から預金を引き出したり、生命保険の請求をしたり、窓口になって色々やることになります。また、亡くなった人の所得税の確定申告も代表相続人が行ない、納税をしたり還付を受けたりすることになります。更には、税務調査など税務署からの問い合わせや交渉などについても、代表相続人が説明者として対応するわけです。

通常、夫婦の一方が死亡した場合には配偶者が、親が死亡した場合は子の中の年長者がなることが多いようです。しかし、相続税の申告をする場合などは税理士と一緒に手続きを進めるので数字的な理解力のある人が良いですし、全体をまとめる力などコミュニケーション能力も求められるので、相続人の中で相応な人がいれば年長者などに限定せずに決める方が良いと言えるでしょう。但し、代表相続人だから法定相続分が増える、ということではありません。だからこそ、自己主張の強い相続人を抑えることが出来る、ともいえます。

4 父母が続けて亡くなることは珍しくない

夫婦は、概ね同世代なので、お互いが亡くなる時期は近いことが多いのですが、続けて相続が起こることを相次相続といいます。1回目の相続で多額の相続税が発生する場合、配偶者は1億6000万円までの財産か法定相続分のいずれか大きい額の相続財産の価額までは相続税がかからないので、配偶者と子が相続人の場合は、なるべくそういう形での遺産分割を目指します。単純に相続税がかかる金額が半分以下になるからです。

しかし2次相続が起こると、配偶者が相続した財産と元々配偶者が持っていた財産を加算して相続が行なわれるので、却って1次相続より相続税が多くなることも起こり得ます。ここでのポイントは、1次相続が発生した時に配偶者の財産を確認し、法定相続分や

1億6000万円を丸々配偶者に相続させてよいかを検証する必要があるということです。そして、2次相続の時の税額も踏まえて、1次相続での財産の配分を考えるということです。つまり、1次相続では多少税金が増えても配偶者の相続分を減らし、子にある程度の財産を相続させるわけです。例えば、夫より妻の方が財産が多い場合は、夫が亡くなっても配偶者である妻は、法定相続分より少なめの相続にしておくということも当然起こり得ます。相続税は、超過累進税率なので、相続した財産が多いほど、その多くなった財産に対する部分の税額も多くなります。目先の税金を減らすことだけに執心し、優遇措置のある母に財産を過剰に相続させるということを安易に考えないことです。つまり、1次、2次の二回の相続で財産を均等化させることが必要なのです。

なお、1次相続の後10年以内に2次相続が起きた時は、その年数が近いほど1次相続で支払った相続税が減額される相次相続控除が適用されるので、配偶者が1次相続で納税していた時は一定の控除があります。

◉ケーススタディにより次のページで考察します。

（ケース1）　1次相続で配偶者は法定相続分に止め、子にも法定相続分を相続させる

（ケース2）　1次相続で相続税を目一杯少なくする形での相続をする

◉ケーススタディ◉

【前提】父の財産　2 億円、母の財産　5,000 万円

◆１次相続（父死亡）で父の財産２億円を母と子２人が法定相続により相続　【ケース 1】

◆１次相続（父死亡）で父の財産２億円の内、１億 6,000 万円を母が相続し、残りの財産を子２人が均等に相続【ケース 2】

【ケース１】１次相続は、法定相続で父の財産を相続

	相続財産	相続額	相続税	相続税合計
１次相続（父死亡）	２億円	母 １億円	０円	3,190 万円
		子２人 １億円 （各５千万円）	1,350 万円 （各 675 万円）	
２次相続（母死亡）	１億 5,000 万円 （※１）	子２人 １億 5,000 万円 （各 7,500 万円）	1,840 万円 （各 920 万円）	

※１ 父からの相続財産１億円と母の元々の財産 5,000 万円 ▶合計１億 5,000 万円

【ケース２】
１次相続は配偶者の税額軽減を目一杯使い１億 6,000 万円を母が相続する

	相続財産	相続額	相続税	相続税合計
１次相続（父死亡）	２億円	母 １億円 6,000 万円	０円	4,180万円
		子２人 4,000 万円 （各 2,000 万円）	540 万円 （各 270 万円）	
２次相続（母死亡）	２億 1,000 万円 （※２）	子２人 ２億 1,000 万円 （各１億500万円）	3,640 万円 （各 1,820 万円）	

※２ 父からの相続財産１億円 6,000 万円と母の元々の財産 5,000 万円
▶合計２億 1,000 万円

【結論】

1次相続で税金を少し多く払ったとしても子が法定相続分まで相続しておいた方が、トータルでは相続税の負担は９９０万円少なくなります。（ケース1の方が有利）

こうした相続の仕方が成就するのも、相続人の間に協力体制があればこそです。

5　2次相続のリスク

一般的な家族における相続の流れは父が亡くなり、その後母が亡くなって子に財産が継承される形です。この場合、母が亡くなった時の相続を2次相続と言いますが、21世紀の今、このケースが年々増えてきています。男女の平均寿命もピークに達しつつあり、多くの高齢化した夫婦が相次いで亡くなっていく時代を迎えているのです。

2次相続のリスクは、沢山あります。まず、一つの家族の相続という観点でみると、法定相続人が1人減っているので基本的に相続税の課税が強化されることになります。しかも、1次相続では配偶者の税額軽減の特例を使って本来の税額の50％以上を繰り延べていた相続税が一気に持ち戻されます。また、子が親の住んでいた住居（土地）に住み続けることが出来ない場合、小規模宅地の特例も使えません。相続税の改正により、この特例が使えないと納税額は大幅にアップされる可能性があります。

しかし、最大のリスクは相続人の間の権利調整です。両親が亡くなったことで重しが取れて、子供同士の権利主張が表面化する可能性が高くなるのです。結果的に、相続人の中で精神的ストレスが高じ、様々なトラブルが起きる元にもなりかねません。子供同士が、いかに相手のことを思いやることが出来るかが幸せな相続のポイントです。そのためには、親は遺言を残して子供たちにどういう継承をしてほしいかを具体的に言葉で示し、それを実現するための相続の形を明確にしておきたいものです。

6　相続税の負担の具体的イメージを知れば安心

相続税法が改正され、増税により大変な事態になるとマスコミや関係事業者は喧伝しますが、実際にどのくらい重税になるかについてはあまり具体的な話にはなりません。

結論として一つの相続で相続税が５００万円くらいの納税であるとしたら、生前に相続対策についてあまり心配する必要はないと考えて良いでしょう。１年間の所得から所得

◉相続財産が１億円の場合の相続税額のケース別考察◉
（配偶者と子が法定相続で相続した場合）

相続人	配偶者有り	配偶者なし（子のみ）
１人	配偶者のみなので相続税は０	1,220 万円
２人	385 万円	770 万円
３人	315 万円	629 万円

※いずれの場合も配偶者がすべて相続すれば、相続税は０となる。
（配偶者の１億 6,000 万円までの相続は相続税は０）

税５００万円を払うとなれば大変な事ですが、相続の場合は相続人が引き継いだ財産から税金を支払うことになります。相続人の数で相続税は変わりますが、最も相続税が掛かりやすい法定相続人が1人の場合でも相続財産が３６００万円までは税金は0であり、納めるべき相続税が５００万円となるのは７０００万円相当の財産を相続する場合です。つまり、税金を納めるべき原資はあるということ、納めるべき割合も全体の財産の10％にも満たないということなのです。

仮に財産が土地しかなかったとしても、土地の相続税評価額は時価の80％程度なので、７０００万円の相続税評価額の財産は時価９０００万円相当の価値はあります。売却して５００万円の相続税を納めても相当の財産が残る計算になります。

また、自宅しかない場合には、居住用の土地についでは特例が適用できれば、数千万円の評価額の減額があるので納税額は大幅に減少します。（例えば100坪で1億円の土地ならば、課税価格は2000万円となり相続税はかかりません。）

要するに、相続税は決して相続人の生活を脅かすことにはならないので、多くの人は自分が亡くなった後の税金の心配はしなくて良いのです。にもかかわらず、増税の不安を煽って相続税対策と称してお金を使わせたり借金をさせようとする業者が沢山います。かえってリスクを抱え込むことも多いので十分注意してください。相続税額よりもはるかに重大な問題は相続人の間での財産の分割、権利調整です。物質的な事よりもお互いの精神の安寧を如何に保って将来に向かって仲良くしていくことが出来るかどうかが最も大切な事なのです。

7 特別受益額にこだわり過ぎないで

法定相続分のとおりに相続を進めようとした場合、相続の時点の被相続人名義の財産の他に生前に被相続人から相続人が受け取った贈与財産も加えて全体の財産を確定した上で、それを基礎に法定相続分を決めることになります。この、生前もらっていた財産を特別受益額といいますが、これが中々はっきり分からないことが多いようです。

例えば、大学の入学金や結婚式費用などは、かなりの金額になりますが、扶養家族の中での生活資金の援助なので特別受益額とはいい切れないところもあります。マンションの購入など不動産を取得した時の援助のように、はっきりした形で５００万円～１０００万円のキャッシュでの贈与があった場合には、その人への特別受益額として持ち戻し（相続財産への加算）が行なわれることになります。相続人同士が相続財産の分割方法で争いになれば、特別受益額の有る無しは必ず重要なテーマとして浮上します。

ただ、元々相続は、必ず法定相続通りに分けなければならないものではなく、相続人同士の合意でいかようにも分割できるものです。とりあえず生前の特別受益額を勘案しながらも、お互いにあまり数字を意識せずに適当な所で分割を考える方が長い目で見れば円満な相続につながると言えます。

相続においては、日々生じる一つ一つのことを合理性だけで割り切ろうとすると大きなリスクが待っています。

8 相続財産も債務も無くても権利調整はある

相続が発生した時、被相続人には身の廻りのもの以外財産はほとんど無かった、ということは決して珍しいことではありません。借入金を抱えていたり誰かの連帯保証人になっていれば相続放棄の手続が必要になりますが、そうしたものも無ければ事実上相続手続は何も無いわけです。

ところが、被相続人から生前に特定の相続人だけが財産を貰っていた場合、他の相続人はこれについて相続財産の先取り（特別受益額）があったとして、遺留分の請求をできることがあります。

しかし、生前に相続人の一人に贈与が確定しているものについて、他の相続人が改めてその中の一部を取り戻すことはかなり難しいことです。被相続人の亡くなる数年前に多額の預金が移動していたり、唯一の不動産がその一人の相続人に名義書換されていたりするなど、その特定の相続人に不自然に財産が移転していることが明確であれば、その他の相続人は遺留分の減殺請求が可能となります。

こうした場合、財産の贈与をされていた人は被相続人とのやりとりで自然にその財産

を受け継いだつもりでいたとしても、争いを避け他の相続人に対して自分の資産の中から一定の財産を支払うことが賢明です。相続では互いに譲歩し合うことが、その後も仲良くやっていくためのコツなのです。

なお、一般的な特別受益額を含んだ法定相続分の計算は、その特別受益額を持ち戻し相続財産に加算して各相続人の法定相続分を定め、特別受益額のあった人はその分を差し引いて相続分とします。

9 相続税の実質負担者は沢山相続した人

相続税は、相続財産が一定の金額を超えた場合に課税されます。その計算方法は、まず初めにすべての相続財産を合算し、そこから債務や葬儀費用を控除した金額を算出します。この金額から基礎控除額３０００万円と法定相続人１人当たり６００万円（６００万円×法定相続人の人数）の基礎控除額の合計額を差し引いて残額があれば、相続税の計算が必要です。この残額を法定相続分に従って各相続人が取得したものとして、相続税の総額を算出します。この総額を、実際に財産を取得した金額に応じて按分することで個々の相続税額が決まります。つまり、全体の相続財産に対して自分が取得した財産の割合に相当する相続税を負担するので、相続財産が多い人はそれだけ相続税も多く、少ない人は相続税もそれだけ少なくなるということです。

ところが、ここで一つ問題があります。相続税の税率は超過累進税率という仕組みで、財産が多ければ、その高い部分にかかる税率は最高55％にもなります。（一番低い部分にかかる税率は10％）大きな相続の場合、取得した全体の財産の約50％くらいが税金となってしまうこともあります。こうなると、例えば40億円財産を相続した人は約20億円の相続

◉相続財産の取得割合と相続税負担の例◉

相続財産　40 億円
法定相続人　子３人の場合
相続税　19 億 5,680 万円

A	B	C
39 億 8 千万円相続 （相続税額 19.47 億円）	1,000 万円相続 （相続税額 490 万円）	1,000 万円相続 （相続税額 490 万円）

※各人の相続税負担は、約 50%

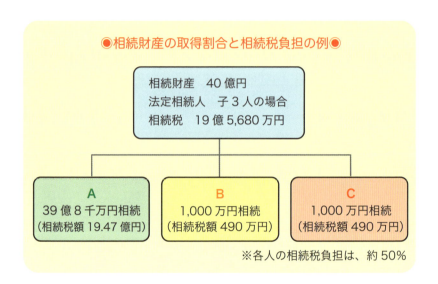

税ですが、１０００万円相続した人も約５００万円の相続税となり、手取りを考えると明らかに不公平です。つまり、自分の相続した財産がたったの１０００万円なのにその半分も税金となってしまうのは巨額の財産の大部分を相続した人の影響を受けたからに他なりません。それならば、大きく相続した人にある程度自分の税金も負担してもらいたいと考えるのが当然でしょう。相続税の負担割合が公平かどうかとは別の次元の話です。

このように相続財産が1人の相続人に集中するような場合は、各人の手取り額をまず確定させた上で、分割協議をすることが必要です。財産が多い相続の場合、分割協議と相続税の確定を同時進行で行なうことが絶対に必要なのは、こうした権利調整もあるからです。

10 事業を引き継ぐ方法と相続の勘所

亡くなった人が工場経営やお店などの事業をしていた場合に、相続人の内でそれを継承する人とそうでない人との間で相続財産についてトラブルが起こる可能性があります。

一つは、その事業の場としていた不動産が全体の相続財産の中でかなり重要な場合、つまり金額が大きい場合、事業を引き継ぐ人がこの不動産を単純に引き継ぐことが難しいからです。

このような時は不動産を引き継ぐ代わりに他の相続人にお金を支払うことが一つの方法です。一括払いか分割払いかは、お互いの話し合いで決めます。また、不動産の名義を共有にして、事業を続ける人が地代や家賃を共有名義者に支払うというのも妥当な考え方です。こじれると、不動産を処分してお金で分けるということになり事業そのものの存続に重大なリスクが生じるので、事業を引き継ぐ人が他の相続人に譲歩した思考を持つことは大切です。

次に、事業を法人化していた場合その株式の相続をどうするかという点です。事業が赤字続きで株そのものに価値がなければ問題はありません。法人に財産があり、また現在の事業が好調ならば、株式は当然一定の評価額となり相続財産としての価値や相続税にも影響します。

通常、事業を引き継ぐ人が原則として株式も引き継ぐわけですが、株式の価値が高く1人で相続すると相続上バランスが悪くなるようでしたら、他の相続人も分けて持つということにならざるを得ません。但し、こうした場合も、事業をする人は事業の経営権を侵害されることのないよう、全体の50％以上は絶対に保有しなければなりません。仮に、そうすることで法定相続分を超えてしまい、他の相続人から異論が出るようなら、不動産の場合と同様、代わりに自分のお金で支払うということも一つの選択肢です。

なお、事業を続けてきた人は、自分の相続に際して相続人同士が対立することのないよう、事業を引き継ぐ人がスムーズに相続できるよう、遺言でその後の具体的方向を作ったり、生前に株式を贈与するなどしておくことも必要です。なお、相続税法では事業承継に関する税金の納税猶予を設けて、事業者の保護を図っています。

また、事業をしていくにあたって借入をして個人で連帯保証人になっていた場合は、当然リスクが各相続人に引き継がれるので、事業を引き継がない相続人もその事業の行方には無関心でいられません。事業を引き継ぐ人だけに連帯保証人も引き受けてもらわなければならないわけです。これは特に相続人以外の第三者が事業を引き継ぐ場合大きなポイントになります。

11 相続人同士の権利調整のリスクはやっぱり財産

相続が起こり複数の相続人がいる場合、その内の誰か1人が中心になって遺産の取りまとめの手続を進めることになります。通常は配偶者が中心となりますが、配偶者が年を

取っていれば長男や長女がすることになります。

相続は最終的には、被相続人のすべての財産・債務の一つ一つを相続人の誰が引き継ぐかを決める手続であり、その過程に相続税の納税も含まれます。しかし、財産の中には不動産のようにすぐには換金できないものも多く、預金や株式など流動性のあるものは一部だけ、ということもよくあります。それでいて、相続税は全財産の評価額によって決まるので、キャッシュだけが不足することもしばしばです。

こうした背景から、相続人は誰がどの財産を取得するかで対立することが多くなります。特に、本来まとめ役である前述の配偶者や長男は被相続人の住んでいた土地を相続する可能性が強いので、財産全体の中でもメインの財産を相続することになり、財産的にも相続分の少ない他の相続人は不満を強く持つことになりがちです。

相続は、こじれると、どこまでも無限に延長します。遺産分割協議は決まるまで何年かかっても良い、ということになっています。調停や訴訟になれば新たに多額の費用も生じます。時間が掛かれば掛かるほどトラブルの要因は増え、解決の出口は遠くなります。それだけに分割協議に応じない相続人がいる場合、相続人の中で取りまとめをする人は、なぜ応じてくれないのかを客観的に分析し、譲歩できるところは思い切って譲歩することが肝要です。

自分ではどうしても恣意的になってしまうならば、申告を依頼している税理士にそうした仲介役も合わせて頼むとスムーズに進む場合が多いようです。分割が決まらなければ相続税の計算上も不利になることも多いので、そうしたことを上手に伝えながら話を進めていくわけです。親族間でのトラブルが続くことは相続人全員にとって大きなストレスであり、経済的にもマイナスなのです。

12 兄弟は遺言に勝てない

被相続人が遺言で、ある人に法定相続分以上に自分の財産を相続させるような意志を残せば、当然他の相続人は自分のもらえる財産が法定相続分より減ることになります。この場合、被相続人の意志としての遺言が優先されますが、それだけですべてを決めることはできません。相続すべき財産を減らされた相続人も法定相続分の１／２（直系尊属のみの場合は１／３）はもらう権利があります。これが遺留分です。

ところで、相続が起きた際、亡くなった人の配偶者の他に子がいない場合には、法定相続人となるのは配偶者と亡くなった人の直系尊属である親ということになるわけですが、両親も既に亡くなっていることも多く、その時は亡くなった人の兄弟姉妹が配偶者とともに法定相続人となります。法定相続分は配偶者３／４、兄弟姉妹１／４となります。その時、割合以上に問題となるのは、配偶者が財産の処分について、自分の自由にできなくなるということです。つまり、兄弟姉妹と遺産分割協議をしなければならなくなるわけです。こうした場合、それ迄ほとんど交流のなかった人が急にクローズアップされることも多く、相続の争いが起こることも少なくありません。（被相続人の親と養子縁組をした

人でも、兄弟として相続人になります）

こうした場合に決定的に有効なのが、遺言で「配偶者に全財産を相続させる」と書き残しておくことです。そうすると、もし兄弟が法定相続分（1／4）を主張したとしても、

法律上兄弟姉妹は、遺留分を認められていない為、全ての財産を配偶者は相続することができます。遺言の最も効果的な活用法といえるでしょう。

なお、相続税は法定相続人が法定相続分通りに遺産を取得したものとして計算されますので、全財産を配偶者に相続させるとしても配偶者に相続税は課されます。

13 相続人に家族以外の人がいる時の権利調整

亡くなった人が昔、今の妻とは別の人と結婚していて子がいる場合、その子は今の妻や子と同等の相続人となります。先妻は離婚しているので全く権利はありませんが、その子は今の家族の子とまったく同じ立場の相続人なのです。

通常、それぞれの交流はほとんどないことが多いので、遺産分割は非常に大きなトラブルを抱える可能性があります。先妻の子からすれば、既に様々な形で今の家族に財産が移転してしまった後の相続財産なのではないかと疑問を持つでしょう。

一方、自宅が相続財産の大きな部分を占めている場合、現在の妻や子の立場からすれば、もし法定相続分を主張されたら、それを売ってお金に換えて分配しなければならなくなる

先妻
夫
現在の妻
子
子
子
パパしっかり書いといてね!!
お母さんとうまくやってるか?
ひ〜〜〜
遺言書
X1

という懸念があります。１次相続（夫の相続）は相続税が掛からない可能性の強い配偶者に財産の多くを移転する、という家族ならではの方法も通用しません。

このように、それ迄当たり前だった家族の財産のバランスを大きく崩す可能性が生じ、更に財産が多い場合には、相続税の課税リスクも大きくなるのです。

こうしたことへの対処方法は、父親が生前に遺言を書いて自分の考えとそれに伴った遺産の相続方法を明示しておくことに尽きます。相続は配偶者を除けば被相続人の血縁関係（養子も含む）の中でしか生じません。従って、複雑な血縁関係を築いた人は自らの責任で幸せな相続の形を作らなければなりません。

父親が先妻の子に他の人より余分に財産を譲りたいと遺言を残せば、今の家族はそれに従うのも一つのさだめです。但し、その判断の根底にすべての相続人への思いやりがなければならないのです。

もう一つ、別の形での危機管理を見てみましょう。子供のいない夫婦はお互いに全財産を相続させるとの遺言を書くことは、非常に多くあります。この場合、先に夫が亡くなり、次に妻が亡くなればほとんどの場合、夫婦の全財産が妻の兄弟姉妹に相続されます。ということは例えば、代々引き継がれてきた夫の財産は完全に他人の家に移転してしまうわけです。家督相続制度の完全崩壊とも言える事態です。こうしたことを踏まえ、夫婦で遺言を書く場合、二人が亡くなった後にそれぞれの一族にバランス良く財産を引き継がせるような配慮も今後必要度を増してくると思われます。

14 婚外子の権利を意識し過ぎないで

被相続人の嫡出子でない子供（非嫡出子）、いわゆる婚外子の法的相続分は嫡出子と同等にすべきである、という最高裁判決に基づき、2013年暮れに民法が改正されました。家族とはちがう立場の子も同じ相続分とすることになった理由は国際的な圧力や家族そのものの概念の多様化など、日本における社会構造の変化の結果、という見解があります。しかし、本当に問題なのは夫（子を作った当事者）の気持ちと行動なのです。

元々夫が妻や子を守る立場で財産を確保しようとすれば、妻への贈与を始め家族への名義預金・貸金庫預金など非嫡出子に分からないように財産を移転することはいくらでもできます。元々家族でないという状況、つまり、別居が基本の非嫡出子には重大なハンデがあります。相続時に法定相続分の主張をすることができるといっても、後の祭りということになってしまうわけです。

一方、逆の場合も複雑な動きをします。

夫が家族よりも非嫡出子やその母親を重視し、生前に財産を贈与したとしても妻や子がそれを止めることは難しいようです。法定相続人でない愛人への贈与や遺贈には、相続人は極めて弱い立場です。また、遺言に「非嫡出子にすべて財産を相続させる」と明記されれば、非嫡出子は法定相続分を遥かに超える財産を手にすることが出来るわけで、今回の改正で、非嫡出子の立場が劇的に変化したというわけでもないのです。

要するに改正は、能天気な夫が何の準備もせず亡くなった場合に起きる一部の手続について一定の効果があるわけですが、多くの場合は改正による分割を参考にしつつも生前に夫がどう動くかという意味では、今までの権利調整の考えを大きく変えるものではありません。

ところで、そもそも法定相続分という考え方は、争いになった場合に採用される分割の目安であり、元々相続人の間で合意があればどんな分け方をしても全く支障はありません。例えば、非嫡出子であっても相続人であることに変わりはないので、上記の判決にかかわらず、相続人全員の合意で非嫡出子がすべての遺産を相続することも可能でした。つまり、非嫡出子の法定相続分を嫡出子と同じにするということは、争いがあるからこその取り決め、と言えます。

改正は、非嫡出子の権利が認められたという正面からの事実とともに、非嫡出子を持つ親に幸せな相続になるよう改めて相続財産の行先とそのための権利調整を考えておくように促したという側面を持っています。

15 養子縁組をする側される側のポイント

家を継ぐ男の子がいない場合に婿養子を迎えるケースは、少子化と言われて久しい今、決して少なくありません。養子縁組をしておくことで、親が亡くなり相続が生じれば、養子は実子と同様に法定相続人として財産を相続できます。しかし、いわゆるマスオさんのように、妻の実家で生活を共にしているだけで養子縁組していない人も沢山います。

この場合、その人には相続人としての権利は全くないので、相続が起きれば他の相続人との権利調整により、妻（娘）共々家を出ていかなければならないことも十分考えられます。例えば、父親が亡くなり子（同居している婿の妻）に兄弟が1人いれば法定相続人は母親を含めて3人であり、母親と他の兄弟が娘夫妻に出ていってほしいということになれば、2対1で劣勢になります。もし、婿も養子縁組をしていれば法定相続人は4人であり、２対２となり住み続けることにより強い権利主張が出来るわけです。将来、母親が亡くなった時には娘夫婦がこの家を承継できる可能性も高くなります。

子が１人の場合には子（娘）が追い出されることは少ないわけですが、兄弟がいる場合は嫁にしろ婿にしろ、相続が起きれば、そうしたリスクはあり得るので注意してください。夫婦で親の家に同居し続けるつもりなら、養子縁組をしておくことが一つの選択肢といえるでしょう。

一方、母親の立場では、養子縁組をしたことで養子の意見が強くなったり、実子（養子の配偶者）が先に亡くなった場合は養子との間で財産の相続争いが生じることもあり得ます。親の立場では、婿と言っても実子と同様に将来を任せることが出来るという見極めをした上で養子縁組をすることが肝要です。

16 相続人が行方不明の場合に考えること

ある人が亡くなって相続が発生した場合、通常はその人（被相続人）の家族がその遺産を引き継ぐための手続きに着手します。

その時、遺産を引き継ぐべき法定相続人の中にどこにいるのか分からない人がいる場合があります。そうした場合、残りの法定相続人だけでは遺産分割協議が出来ず、財産を引き継ぐことができません。

このような時は、家庭裁判所に不在者財産管理人選任審判の申し立てをして、不在者財産管理人を選任します。不在者財産管理人は遺産分割協議に行方不明者に代わって参加し、協議書に署名・押印して分割協議を確定させます。これによって、行方不明者がいても相続手続は遂行できるわけです。

また、不在者（行方不明者）の生死が7年間不明の場合には、相続人は家庭裁判所に失踪宣告の申し立てをすることができます。失踪宣告が確定すると不在者は失踪期間満了時に死亡したものと見做されます。失踪宣告が確定すると、失踪宣告の申し立て人は失踪宣告を受けた者の本籍地に失踪宣告届を提出しなければなりません。これによって、もし行方不明者の相続人がいれば新たに相続人に加わって分割協議がなされます。また、行方不明者自身の相続も同時に行なわれることになります。

第4章 税金に関する権利調整

1 税務署との権利調整も大切

相続税法が改正され、平成27年以降の相続からは定額の基礎控除額が5000万円から3000万円に下がり、法定相続人の人数分の基礎控除額も1人当たり1000万円から600万円に引き下げられました。

例えば、法定相続人が子供2人だけの場合、今迄は7000万円だった課税最低額が4200万円になりました。つまり、遺産が7000万円であった場合、これまでは相続税は0であったものが、課税されることになる2800万円（7000万円－4200万円）の部分について320万円を納税しなければならなくなります。このあたりが過度に注目され、大増税ということになるのですが、そもそも相続税は被相続人から思いがけず引き継ぐことになった財産に対して課される税金であり、その財産の一部を納付するものなので、相続人は支払う能力はあるはずです。7000万円の財産の内の

御苦労様です でも本当の目的はですね… フフフ…
資産をたくさん持ってる人は相続税の申告の必要性をしっかり自覚してもらいますよ
いままで…
いままで意識してなかったけど、逃れられないぞこれは……
資産
相続税が改正されて240万円も納税しなくちゃならないのよ
あら私もよ50万円! いやになっちゃうわ!
税務署
¥
¥

４％～５％の３２０万円を税金として納めても大きな問題はない、ということです。

改正による最も大きな問題は、今までは５０００万円～1億円くらいの資産を持っていても、相続税の対象者として相続人自身が申告について意識せず税務署も捕捉しないで来たような人々が、相続税の対象者として明確にクローズアップされた点です。つまり、課税ベースが下がったことで新たに相続税の納税者になった人だけでなく、今迄も実は申告義務の可能性があった人たちにも「確実に申告しなければならない」と思い知らせる効果があるのではないでしょうか。

課税庁もそのあたりを強化して納税者の申告状況を調査するようになるはずなので、改正前の数倍の申告対象者が生じることになることも決して不思議ではありません。相続税は申告をすることで特例により減税が施されるので、実際の納税者はそこまで増加しないとは思われますが…。

相続税は相続した財産の中からその税金を納めるというものです。例えば、相続財産が1億円でその半分が納税になるなどということは有り得ないのですが、相続に関する報道を見ると相続人の元々持っている財産にまで納税義務が生じるような雰囲気がありま す。過度に恐れず目先の対策に走らず、ゆっくり構えて納めるべき税金は納めるという姿勢がやはり大切な心構えと言えるでしょう。

2 相続税は他の税金とはこんなに違う

相続税は、他の税金とは異なる特色を沢山持っています。やや大雑把ですが、項目別にその特性を挙げてみます。

(1) 相続税を納付して完了

相続税を申告納税すれば、取得した財産について改めて所得税などが課されることはありません。無論、納税０で申告しなかった人も同様です。翌年、確定申告をするようなことはありません。また、不動産を取得した人にかかる不動産取得税も原則的に課税されません。（法定相続人以外の人が遺言で土地をもらった場合などは課税されます。）

(2) 申告納税方式

納税者が自ら申告書を作成して税務署に申告をし、そこに記載した金額を納税します。但し、相続財産の合計金額が基礎控除額に達しない場合、つまり納税額が０の場合、申告する必要はありません。（特例を適用して０になる場合は、申告は必要です。）

相続税の場合基礎控除額が多いので、結果的に亡くなった人の５％程度しか申告対象になっていません。

⑶ 様々な納付方式

相続税は相続した財産から納税するものなので金銭納付が原則ですが、相続財産に金銭がない場合、分割納付（延納）や不動産などでの現物納付（物納）が認められています。

⑷ 相続放棄が可能

相続は被相続人の抱えていた借金や預り保証金などマイナスの財産も引き継ぐので、相続することでかえって損をすると判断した場合、相続後３カ月以内なら家庭裁判所に届け出をして、相続の放棄が出来ます。その場合、財産を相続出来ないので、結果的に相続税はかかりません。

⑸ 一斉（共同）申告納付

相続税は相続財産全体に課税されるので、申告は相続人全員が一つの申告書で行ない、それぞれ納付額を記載し、それぞれが納税します。財産を相続せず、相続税が０の人も申告します。この点が、自分の申告は自分でするという他の税金とは決定的に異なります。お互いの意見が合わず、（つまり、仲が悪く）別々に申告書を作って申告する場合もありますが申告方式は同様です。

(6) 財産を取得した人によって相続税額が変わる

法定相続人以外の人が遺言で財産を取得したり、法定相続人の内、兄弟姉妹・子がいるのに孫が養子となっている場合、これらに該当する人は通常の相続税の20％増しの相続税を支払わなければなりません。

(7) 連帯納付義務

申告方式が(5)のような形であることから分かるように、相続税は全体の納税額が計算され、相続人は各取得財産のシェアに応じて自分の相続税負担分を納税するのですが、他の相続人がもしも納税を怠ると、代わりにその人の納税義務も負うことになります。

(8) 特例の影響力が絶大

相続税が発生するかしないかは、小規模宅地の特例や配偶者の税額軽減などの特例を使えるかどうかにかかってくることが非常に多いことが大きな特徴としてあります。例えば、配偶者がいる場合はまず１００％配偶者の税額軽減を活用することを考えます。こうしたことは、他の税金にはないことです。

⑼　課税最低限を超えたら超えた分に税金がかかる

例えば、この課税最低限が３６００万円（相続人１人）の場合、全体の財産が４０００万円あれば４０００万円－３６００万円＝４００万円。この４００万円に対して10％の税率の相続税が課税されます。（この場合、相続税40万円）この超える額が多くなれば税率も高くなっていきます。「課税になった」からといって急に税金を沢山納付するというわけではありません。

3　相続税の負担を和らげる具体的方法

相続税は被相続人のすべての財産を合計し、それがある一定額を超えた場合課税される税金です。したがって、申告すべき相続財産を減らすことが相続税を軽減させる具体的方法となります。
これには、次のようなものが挙げられます。

1　生前に配偶者に居住用不動産を２０００万円贈与する
2　預金を生命保険に切り換える
3　更地の土地にアパートを建てる
4　遺言で法人に財産を遺贈する
5　墓・仏具などは生前に買っておく
6　公益法人に寄付する
7　法定相続人以外に財産を贈与する

これらは生前対策・相続が起きてからの対策の両方がありますが、何れにせよ財産を減らすことで相続税を軽減させる方法です。

一方、相続の仕方で相続税を軽減させるには、次のような方法があります。

1　配偶者になるべく沢山相続させる（上限目安は、1億６０００万円）

⇩配偶者の税額軽減
２　亡くなった人の住んでいた居住用の宅地は、そこに住み続ける相続人が相続する
⇩小規模宅地の特例
３　法定相続人を増やすために養子縁組する
⇩課税最低限の上積みと税額計算の緩和
４　被相続人が事業をしていた土地を事業を引き継いだ相続人が取得する
⇩小規模宅地の特例
５　事業を引き継いだ相続人が会社の株を取得する
⇩相続税の納税猶予

本書では、こうした事例を個別に検証していきます。

4 法定相続人が増えると二段階で相続税が減る

相続税の計算をする場合、全体の財産に対して３０００万円の定額の基礎控除額に

加えて法定相続人1人につき600万円の基礎控除があります。法定相続人2人なら1200万円、3人なら1800万円という具合に法定相続人の数が増えるほど控除額は増え、課税されるボーダーラインは高くなる（課税されにくくなる）わけです。しかし、法定相続人のメリットはそれだけではありません。相続税の総額を計算する場合、法定相続人の人数に応じた税額が計算されるので、法定相続人の数が増えるほど相続税は少なくなります。

96ページの表Aを見てください。まず、相続税の課税価格の合計額（総遺産額）から基礎控除額を差し引く際に法定相続人1人につき600万円控除できるので、法定相続人の数が増えるほど差引金額（課税遺産総額）が減ることが分ります。課税遺産総額があることで、相続税が発生します。そして、やや複雑なのはこの後の計算です。課税遺産総額をまず法定相続人の法定相続分に分け、その額に対して相続税の税率を乗じて各相続人が法定相続分に従って取得したものとして、各法定相続人の相続税額を計算するのです（表B）。相続税は超過累進税率（財産が多くなればなるほど、その高い部分の税率が高くなる）なので、法定相続分が細分化されるほど財産に低い税率が適用されます。表Bの例でも法定相続人が1人の場合、財産の高いところは30％の税率が適用されますが、法定相続人が2人の場合は15％の税率までしか適用されません。この税率の差額部分が相続税額の合

◉ 相続税の課税価格の合計額（全体の財産）が１億円のケース◉

表Ａ【基礎控除額を引いた課税遺産総額の計算】

法定相続人１人のケース （子１人）	１億円－（3,000万円＋600万円×１人） ＝**6,400万円**
法定相続人２人のケース （子２人）	１億円－（3,000万円＋600万円×２人） ＝**5,800万円**

※6,400万円－5,800万円＝600万円
…法定相続人が１人増えると、課税価格で600万円有利となる

表Ｂ【相続税の総額の計算】

◉基礎控除額を引いた課税遺産総額が6,000万円のケース◉

法定相続人１人のケース （子１人）	6,000万円×0.3－700万円＝**1,100万円**
法定相続人２人のケース （子２人） （法定相続分は各1/2）	6,000万円×1/2＝3,000万円 3,000万円×0.15－50万円＝400万円 400万円×2＝**800万円**

※1,100万円—800万円＝300万円
…法定相続人が２人いることで１人の場合と比べ、相続税額が300万円減少

◆法定相続人１人だと下記の表で１億円以下の計算式を使用
（6,000万円×30%－700万円）

◆法定相続人２人だと3,000万円以下の計算式を使用
（3,000万円×15%－50万円）（これを２人分）

相続税の速算表

法定相続分に応ずる取得金額	税率	控除額
1,000万円以下	10%	－
3,000万円以下	15%	50万円
5,000万円以下	20%	200万円
１億円以下	30%	700万円
２億円以下	40%	1,700万円
３億円以下	45%	2,700万円
６億円以下	50%	4,200万円
６億円超	55%	7,200万円

計で、３００万円の差となってくるのです。つまり、法定相続人が１人増えたことで税額計算上３００万円安くなったわけです。

例では分かりやすいように相続税の課税遺産総額では１億円（表Ａ）、相続税の基礎控除額控除後の金額は６０００万円（表Ｂ）と同額で比較しましたが、実際には一つの流れで計算されるので法定相続人の数が異なればＡとＢは当然金額が変わるので単純比較はできません。押さえておいていただきたいのは、法定相続人の数が増えれば基礎控除額の増額と税率の有利性の二つの段階で相続税の計算にメリットがあるという点です。

こうしたことから、養子縁組をして法定相続人を増やすという税務対策は歴史的にポピュラーな方法として使われています。現在は税務上子がいる場合１人、いない場合は２人までしか法定相続人にすることは出来ません。

なお、各人の実際の相続税額はその相続人の取得した財産が全体の財産に占める割合に応じて相続税の総額が按分されます。したがって、全相続人に相続税の減額効果が生じるわけです。

5 相続税抜きに贈与は考えられない

多額の医療費の支払いをすると、所得税の確定申告でその内のいくらかに対応する税金が還付になる、という制度があります。医療費控除と呼ばれるこの仕組みを誤解し、医療費を支払えば税金を全く納めていなくとも、お金が戻ってくると思って確定申告をしようとする人が少なからずいるのですが、あくまで納税した金額の一部が還付になるだけのことなので、税金が０の場合はお金が戻ってくることはありません。

ここまで明確なものではありませんが、相続税における贈与税の考え方にも似ているところがあります。贈与税は元々相続税の補完税としての役割を持っています。本来は、生前に財産を移転して相続時に財産の継承にかかる納税を回避しようとすることを防止する目的で作られたものです。ところが、それがいつの間にか贈与そのものがクローズアップされて、贈与時点での課税の有無に節税的イメージが取り入れられたきらいがあります。

例えば、子に住宅取得のための資金を１０００万円贈与し、子は非課税の適用を受けるとします。本来であれば、数百万円単位で課税される贈与税が無くなったので良かったということになるわけですが、元々相続の際にその1000万円を加えても相続税が課税されないくらいの財産しかないのであれば、慌てて贈与する必要はなかったと言えます。

孫への1500万円の非課税枠の中での贈与など、まさにそのリスクは高く、相続税など将来全く影響ない人がその必要もないのに多額の贈与税を免れると思って孫に虎の子のお金を贈与したあげく無駄遣いされて、その後孫との関係がぎくしゃくしたりするようでは元も子もありません。また、基本的には受贈者（贈与を受けた人）が相続人でなければ相続が発生しても、贈与を受けた際に支払っていた贈与税は戻りません。相続税を基本に据えて、贈与をすべきかどうかを考えることが大切です。

6 相続税率と贈与税率を比較して贈与を考える

相続税の負担を減らすために生前に贈与をするということは、贈与をしても贈与税が発生しないか、または、発生しても相続税よりも少ないか、どちらかの効果があるからです。贈与したら相続税以上に贈与税の方が多くなってしまっては、対策どころか自分の首

◉相続税と贈与税の税率の違いによる税負担の差◉

相続税の税率	財産額（単位：円）
55%	6億超
50%	3億超〜6億以下
45%	2億超〜3億以下
40%	1億超〜2億以下
30%	5,000万超〜1億以下
20%	3,000万超〜5,000万以下
15%	1,000万超〜3,000万以下
10%	1,000万以下

この部分（税率55%）の財産を300万円贈与すると、贈与税率は10%適用。
［基礎控除額を勘案すれば、実効税率は6.3%］

贈与税の計算

300万円－110万円＝190万円
190万円×10%＝**19万円**…**贈与税**
19万円÷300万円＝6.3%
…実効税率

相続税の計算

300万円×55%＝**165万円**
…**相続税**

を絞めることになってしまうだけです。

ところで、相続税の負担増が社会的に話題になっていますが、元々相続税は相続した財産の中から支払うものであり、納税者は負担する力のある税金です。相続財産が５０００万円くらいでも相続税が課税されるケースもありますが、その場合も最大でも納税額は２００万円には届きません。その程度の負担を心配して相続税対策などを考えることの方がストレスが大きいのではないでしょうか。

さて、明らかに贈与をしておいた方が良いという判断は、相続税と贈与税の税率が大きな目安になります。どちらもいわゆる超過累進税率で財産が増えるにしたがって、その増えた部分にかかる税率が高くなります。相続税では、少ない部分の財産には最低10％、６億円を超える財産の部分には55％の税率が課されます。

贈与税の速算表（平成27年1月1日〜）

直系尊属から20歳以上の者への贈与		
基礎控除後の課税価格	税率	控除額
200万円以下	10%	---
400万円以下	15%	10万円
600万円以下	20%	30万円
1,000万円以下	30%	90万円
1,500万円以下	40%	190万円
3,000万円以下	45%	265万円
4,500万円以下	50%	415万円
4,500万円超	55%	640万円

一般の贈与（左記以外）		
基礎控除後の課税価格	税率	控除額
200万円以下	10%	---
300万円以下	15%	10万円
400万円以下	20%	25万円
600万円以下	30%	65万円
1,000万円以下	40%	125万円
1,500万円以下	45%	175万円
3,000万円以下	50%	250万円
3,000万円超	55%	400万円

例えば、6億5000万円の財産を持っている人が亡くなれば、最も高い部分の5000万円部分（基礎控除額は勘案せず）には55％の税率が課される（相続人1人として計算）わけですから、例えばこの内の300万円については、300万円×55％＝165万円が相続税となります。もしこの人がその300万円の財産の贈与を生前にしていたとします。贈与された人の贈与税の計算は300万円－110万円（基礎控除額）＝190万円、この190万円に10％の税率が適用されて贈与税は19万円で済みます。相続税と贈与税の差は165万円－19万円＝146万円となり、150万円近く税金負担が減少することになります。（計算上、相続税の基礎控除額や生前贈与加算等は考慮していません。）

こうした差が明らかなケースでは生前贈与は有

効な手段といえます。要するに、ある財産の金額について相続税と贈与税の実効税率を比較し、明らかに相続税の方が高い場合には、贈与を考えるというのが生前贈与のコツといえます。

ここでのポイントは、贈与税の１１０万円の基礎控除額に固執せず、多少税金を負担することも視野に入れておくことです。相続税の負担を鑑みれば、確実に税額を軽減できる贈与を選択するという広い視野での判断を持つという点です。繰り返しますが、最終的に相続で２００～３００万円の相続税の負担で済むと試算できるなら、財産を過度に減らしてまで生前贈与をする必要はないでしょう。

7 税務調査でうっかり漏れが見つかれば修正申告すればいい

相続税の申告は、相続開始（被相続人が亡くなった日）の翌日から10ヵ月以内にしなければなりません。相続財産がなければ、もちろん申告する必要はありませんが、相続財産が一定額以上で納税が生じる場合は申告をしないとペナルティーとしての罰金も払わなければなりません。そして、申告をした場合でも、その申告内容について疑問があったり

誤りがあると判断すると、税務署は調査に来ることを相続人へ申し入れてきます。

調査はだいたい申告をした年の秋か翌年の秋、おおむね半年から1年後に行なわれます。調査前までに申告をした相続人の預金や亡くなった人の過去の預金の動きも調べていることも多いようです。元々、申告の有無にかかわらず税務署は死亡の事実は把握（死亡届の確認を）しているので、沢山財産を持っていた人の相続人が申告をしていなければ、当然相続人と考えられる人に問合せが来るわけです。また、申告があった場合には、申告内容について事前に税務署が確認していることと照合し疑問点があったり相続全体を確認する必要があると判断すると、調査が行われるわけです。

事前の連絡で日時を決め、当日は10時頃、自宅に１人か２人調査官が来ます。１日かけて亡くなった時の状況から相続人の履歴、財産の状況などを聴き取ります。調査の過程でタンスの中を開けたり、金庫の中身を調べたりもします。調査も佳境になると申告書に書かれた内容について付属資料を求めたり、新たに説明書類の作成なども要請してきます。

だいたいは1日調査をして論点をいくつかあげ、その後数日して解決することもあれば、更に引き続き検討するものを絞っていくこともあります。亡くなった人名義の預金（相続人も知らなかったもの）で申告をしていなかったものについて銀行に確認したり、配偶者に対して１００万円単位のお金が移っていたのでその内容を説明させる、など具体的な調べが続きます。

最終的に申告漏れがあれば、相続人と税務署はその金額をお互いに確認し合意をした後、相続人が修正申告をして追加税金を納めるケースは数多くあります。元々その財産を所有していた当事者が死亡している中でのことであり、やむを得ないこともままありますので、追加納税と罰金は生じますが、あまり気に病む必要はありません。但し、意図的に多額の財産を隠したりすると、重い課税を受けることになるので正しい申告を心掛けてください。

8 子・孫への贈与と課税庁との関係

子・孫への結婚・出産・育児資金の１０００万円までの贈与や教育資金の１５００万円までの贈与が非課税となる制度を利用して、多くの高齢者が信託銀行に資金を預託して

います。この制度は金融機関を経由して教育資金が使われたことが税務署に報告されるシステムです。

孫に無駄にお金が使われることになる、使い切れなければ結果的に贈与税が課される、など色々問題点が指摘されていますが、なんといっても気になるのは「資産を持っているだろう」と思われる人の情報が課税庁にしっかり把握されることでしょう。孫に１５００万円贈与できる人が所有している資産は、その数倍であろうことは容易に想像されます。その人及びその家族名義の預金は、しっかりと課税庁に掌握されることになると思われます。

そもそも、扶養家族のために支払う一定の教育資金や年間１人当たり１１０万円までの贈与は非課税です。なぜ、今回このようなややこしい制度が出来たのか疑問に感じるところでしたが、少額投資システム（ＮＩＳＡ）などと共に、課税庁の新たなデータベースづくりが進んでいくということで合点がいくところです。

相当額の預金を有していながら課税庁に捕捉されていない個人が沢山いることは想像するに難しくありません。課税庁の立場から見ると、こうした措置を推進していくことが健全な納税者を守るために必要なことなのでしょう。一方で、相続税や贈与税を多少納税することを自然に受け入れることが出来れば、こうした非課税の制度を無理して利用する必要がない人はたくさんいます。

9 相続税を払うお金がない場合もある

相続人が財産を相続して相続税を支払うことになった時、肝心のお金がないことがあります。これは、相続する財産が土地や建物など不動産ばかりで、現・預金やすぐ売却できる株式などがない場合におこります。こうした場合には、自分が元々持っているお金で相続税を納めることになります。そのお金もない場合には、分割で税金を支払う延納や相続した財産（土地・建物）を現物で納める物納などの方法があります。いずれも税務署に届け出をして許可を得ることが前提となります。

物納は課税庁の収納部門が納税を認めるか判断するわけですが、引き取って換金できる可能性が高いものに限られます。価値のない山や家庭用動産などはほとんど引き取ってはもらえませんし、借地権も非常に難しいようです。借地権の設定されている土地については、価値があると判断されれば物納は充分可能です。なお、物納の場合は相続時の評価額で国は引取り（納税額とし）ますので、もし物件を売却してそこから税金を納めた方が経済的に有利ならば、例えば延納にしておいて、物件が売れた時に税金を一括して納める、ということも考えられます。

お金がないからといって、不動産の相続を諦める必要はありません。

10 罰金も他の税金とは趣が異なる相続税

相続税は申告納税方式であり、一定以上の財産を相続しない限り相続税は課税されませんし、申告する必要もありません。但しボーダーラインぎりぎりで申告をしなかった場合、後から税務調査があり結果的に申告しなければならなくなったりすると、本来の納税額の他に申告しなかったことへの罰則として無申告加算税が加えられます。相続税の申告をしていても、その後の調査で税額が増えた場合には過少申告加算税が生じます。また、いずれの場合も延滞税（税金の利息）が加算されます。

更に相続税には独特の罰則があります。1人の被相続人について相続税の申告書は一つで、相続人全員が名前を連ねて其々の相続財産と納税額とを記載します。つまり、相続財産をもらった人全員が共同責任で税金を納めるという特徴があります。従って、自分は税金を納めていても他の相続人が納めない場合、その責任が自分に廻って来るということも法律上起こります。（相続で受けた利益を限度とします。）その場合、他の相続人が納めなかった相続税を代りに納めなければならないし、納税が遅れた為に生じる各種罰金も払わされることになります。

相続税は、財産を引き継ぎ、その中から税金を納めるというのが基本的構造です。つまり、相続税は担税力があるだけに徴収は過酷になるのです。相続税の申告をする時は、自分だけでなく他の相続人の申告、納税も合わせてチェックしておく必要があるのです。

11 相続税は支払える税金

相続税には他の税金と大きく異なる点があります。税額を大きく減らせる特例があり、それが多くの相続人に適用されることです。小規模宅地の特例などはその代表例であり、自宅を持っている人の多くが適用出来ることになります。その一方で、僅かな違いで条件に該当しないと特例が適用できないこともあります。そうした時には、適用出来た場合と比べ、大幅な増税になってしまうわけです。

そこで、相続税対策として土地を買ったり、建物を建てたりする手法がしばしばとられますが、これには沢山のお金を使わなければならないというリスクがあります。対策した末結果的に税務署からその節税対策を認めてもらえないということもありますし、地価の暴落など予想外の事態で次元の違う損失を出したりすることもあります。

こうした中で心配なのは相続税対策を謳う業者の売り込み攻勢です。税制の詳細を知ってか知らずか、自分たちが推す税金対策のメリットだけを掲げて、顧客に迫ってくるのですから始末が悪いわけです。更に、示されるデータも将来の社会情勢の変化などあまり想定しておらず、全く役に立たないシミュレーションを主張の根拠にしていることも少なくありません。

「この方法で、税金が大幅に減ります。」といった目先のキャッチコピーだけで納税者に大きなリスクを呼び込むような節税対策が沢山あるのです。「確かに税金は減ったが、それ以上にお金が減った」ということが当たり前に生じます。また、相続税が減れば、相続人の間の分割も上手くいくような風潮を醸し出しているのも問題です。財産に対する相続人同士の権利調整は、全く別の次元の話なのです。

さて、相続というものは長い期間の中で定期的に行なわれるものであり、法人税や所得税などの短期的な税金対策と同じように考えることはあまり馴染みません。相続税は元々ある財産の一部を税金として払うという原則があります。税金を払っても、必ず財産は残るという原則――相続財産が何もないならば税金を払うことは絶対ないという現実――を決して忘れないでください。下手な対策をして0より悪くならないようにしましょう。

第５章 居住用の土地の権利調整

1 相続税対策の主戦場は、小規模宅地の特例だ

相続税の改正で、納税者に大きなメリットがあるのは小規模宅地の特例です。これは被相続人が居住していた土地に相続人がそのまま居住を続けた場合その土地の相続税評価額について３３０㎡までの部分は80％減額して相続税の課税価格とすることができる、という特例です。３３０㎡ということは、いわゆる１００坪です。市街地の住宅は通常この範囲に納まることが多いので、この特例が使えれば相続税が課されることは、かなり少なくなると考えられます。

例えば１００坪で相続税評価額1億円の土地を所有していた人が亡くなった場合、この特例が使えれば土地の課税される金額は、80％減額されて２０００万円となります。木造建物ならば、相当立派なつくりでも建築後20年も経てば評価額は１０００万円程度です。土地・建物合計３０００万円は相続税の定額の基礎控除額であり、さらに法定相

ケース1
2,000万円
居住しているから80%減額されたよ
100坪
小規模宅地の減額が適用された土地

ケース2
1億円
別の所に住んでいるから適用されずに評価額が1億円……
誰も住んでいない
100坪
小規模宅地の減額が適用されなかった土地

続人の基礎控除額６００万円がありますので、相続人が1人でも課税を受けるにはまだ余裕があるレベルとなります。

問題となるのは、相続人がその家に住んでいない場合です。居住用の要件はいろいろ制限があり80％の適用を受けられないことが多くあります。適用が受けられないと、土地の評価額は減額されません。

したがって、相続税が課されるレベルの財産がある場合は、居住用の土地は被相続人と一緒に住んでいた人が相続し、そのまま住み続けることを基本に考えることが重要です。財産が沢山ある場合は分割の仕方にも選択肢は多いので、それほど難しいことではないはずです。最高税率55％がかかるような相続では、小規模宅地の特例を受けられれば数千万円の相続税の軽減がおきますので見逃せません。

なお、当然の事ですが、相続財産が居住用の土地・建物のみであれば、相続人はその土地を皆で相続するしかありません。但し、減額の適用を受けられるのは、居住を続ける相続人が取得した土地に限られます。そこで、居住する人が一人で相続して、その他の相続人にはお金を支払って済ませる代償分割という相続の方法も考えられます。この場合、土地は80％減額の適用が受けられます。当然ながら、代わりにお金を支払っても贈与にはなりません。

なお、小規模宅地の特例を受けるためには相続税の申告をすることが要件となりますが、この申告には期限内申告だけでなく期限後申告も含まれます。ただし、その土地を誰が相続するのか分割協議を終えておくことが必要です。

2 自宅の評価の減額は相続税申告の最注目点

被相続人が住んでいた土地・建物を相続した人が、そのままそこに住み続ける（配偶者の場合は、住まなくても良い）場合、その土地の相続税評価額は３３０㎡までの部分は80％減額が出来ます。

相続税の申告において最も大きな特例であり、相続税改正によって課税ベースが広がる中で、この特例を使えるかどうかは課税庁との間で大きな争点になると考えられます。

具体的に見てみましょう。

居住用の土地　３００㎡　評価額（路線価）20万円／㎡

土地の評価額は、20万円／㎡×３００㎡＝６０００万円となります。

この土地を、引き続き居住する人が相続した場合

20万円／㎡×300㎡×0.8＝4800万円が申告上減額されます。

したがって、6000万円−4800万円＝1200万円　が申告する土地の価額となります。これが、小規模宅地の特例です。一方、この土地に引き続き居住する人がいない場合は、申告する土地の価額はそのまま6000万円となります。

さて、相続税は被相続人のすべての財産の合計から債務を差し引いた金額が、課税最低限を超えた場合に課税されます。

右記のケースについて、相続人が1人の場合で考えてみます。

基礎控除額　3000万円　法定相続人1人の基礎控除額600万円

3000万円＋600万円＝3600万円　…　ここまでは、課税されません。

相続財産が右記の土地（建物）だけであった場合、居住用の土地の減額が適用できれば土地は1200万円が申告額ですが、1200万円は仮に建物の金額が1000万円くらいでも合計額は3600万円に遠く及ばないので相続税は課税されません。

一方、小規模宅地の特例が適用されない場合、６０００万円が申告額となり、６０００万円－３６００万円＝２４００万円が相続税の課税対象額となります。これにより相続税は、３１０万円発生します。（これに、建物の評価額についての課税もあります）

このように相続した土地が居住用であった場合、小規模宅地の特例を受けることが出来るかどうかは、相続税の申告で決定的なポイントとなります。

今後、被相続人が居住していたかどうかの判断、或いは、相続した人が居住を本当にしているかどうかの確認などは、新聞をとっているか、電気メーターがきちんと動いているかなど様々な形で課税庁は行なっていくことになると思います。

3 居住用の土地を配偶者が相続する根拠

◉こんなケース◉

山田一郎さんが75才で亡くなりました。同居しているのは妻 ようこさん(70)、長男 年夫さん(38)、嫁 由美さん(33)、孫 大地くん(4)です。この他、次男 安彦さん(33)、長女 伸子さん(31)がいますが、既に結婚して別居しています。

一郎さんの相続財産は、自宅 相続税評価額1億円の土地・評価額500万円の建物と更に9500万円の預金があります。

合計　2億円

山田一郎さんの相続における法定相続人は、妻のようこさんと子の年夫さん、安彦さん、伸子さんの4名です。亡くなった人が住んでいた家とその敷地が相続財産に含まれている場合は、相続の仕方について、次の二つのポイントがあります。

一つ目は、配偶者であるようこさんがそのままその家に住み続ける場合は、ようこさんが必ずその土地と建物を相続すべきであるということです。子供である年夫さんも同居していますが、配偶者を優先させなければなりません。残された財産の中で配偶者の生活の根拠になる場所はまず守るべきである、というのがその理由です。

土地と建物は私が相続します
あとは頼んだよ
山田一郎の墓
ようこ（妻）
母さんが優先だね
土地
年夫（長男）
安彦（次男）
伸子（長女）
由美（嫁）

仮に、年夫さんに相続をさせて、もしも年夫さんがようこさんより先に亡くなった場合、相続人は年夫さんの妻の由美さんや大地くんとなり、ようこさんにはなりません。将来自分の家に安心して住み続けられなくなるような選択は避けましょう。

次に、相続税の見地から考えてみましょう。配偶者に相続させることで、その土地の330㎡までの部分は土地の評価額について80％相当額の減額が認められます。（小規模宅地の特例）

たとえば、330㎡（約100坪）の土地で評価額が1億円の場合、相続税の計算では8000万円が減額され、課税される金額は2000万円とされます。その措置は、一郎さんと同居していなかった相続人の安彦さんと伸子さんには認められません。

山田家の相続の場合、相続税の課税最低限は法定相続人が4名なので、基礎控除額5400万円（3000万円＋600万円×4人）となり、相続税が発生します。元々亡くなった人に同居者がいなかった場合以外は、まずは同居者への相続を優先させることが税額軽減に直結します。

したがって、本例ではその対象者としてようこさんと年夫さんになります。ただし、配偶者の場合は生前同居していなくても、また、その家に住み続けなくても無条件でこの特例を受けられます。

一方、年夫さんはもし相続後すぐに引っ越しをしたりしたら、適用されないのです。この点でも全体の相続財産を確実に減らす、ようこさんの自宅取得が最も安全といえます。以上の二つのポイントを満たす土地建物の相続は、配偶者のようこさんとなるわけです。

なお、今回のケースでは、もし法定相続分が１／２のようこさん以外の人が不動産を相続したら、全体の財産のバランスにおいても権利調整が困難になり、分割協議がこじれる可能性があります。

4 小規模宅地の特例

事業用と居住用を併用しよう

相続があった時、被相続人が所有していた土地の内、居住用の土地については３３０㎡まで、店舗を持つなど事業をしていた土地については４００㎡まではそれぞれ評価額に対して80％の減額の適用が出来ます。自営業者で事業用の土地を持っている人が別に自宅を所有している場合、その人が亡くなれば相続人はそれぞれの土地について小規模宅地の特例の適用を受けることが出来るわけです。

例えば、居住用の土地が300㎡、相続税評価額6000万円、事業用の土地400㎡、相続税評価額8000万円だとします。通常の評価額は6000万円+8000万円=1億4000万円となりますが、特例を適用出来ればそれぞれ80%減額され、実際に課税される金額は6000万円×（1−0．8）+8000万円×（1−0．8）=2800万円となります。

相続税の評価額がこれほど軽減される措置は他にはありません。このケースでも課税価格が1億円以上少なくなるわけで、相続税として数千万円規模の減額になります。この特例に該当する可能性がある場合には、絶対はずさないようにしましょう。特に、事業用の土地は地価の高い地域である可能性が高いので、次のような注意が必要です。

事業は慢性赤字で自分の所得（給料）は全く出ない。但し、自分の事業所なので経費もかからないし何より仕事をしていることが大好きだ、という方が高齢でやむなく廃業しようかと考えていたとします。もし廃業せず、どうにか事業を営んでいれば、万一相続になった時にはその土地の評価額に対して相続税の課税価格は大幅に減額され、相続人にとっては大きなメリットになる可能性があります。つまり、長い目で見た時赤字だからといって直ちに廃業することが経済的にメリットがあるとは言い切れないのです。

今迄は居住用の特例と事業用の特例を同時に100%適用することはできませんでし

た。しかし、２０１５年からは完全併用できるようになったので、こうした思案が大切になってきたのです。

なお、駐車場として貸賃収入を稼いでいた土地も小規模宅地の特例を受けることができます。この場合も、２００㎡までの土地の評価額について50％の減額が出来るので忘れることは出来ません。但し、アスファルト敷きにしているなど一定の設備が施してある駐車場に限られ、いわゆる青空駐車場は認められないことになっています。減額を受けることを考えているなら、生前にこうした点についても注意が必要です。

5 小規模宅地の特例

変わっているようで、よくある形

自宅不動産を所有している家庭の一人息子が結婚し、独立して新たな家族と共に借家住まいを始めることは、よくあることです。その際、子にはいずれ親元に帰って不動産を承継するという思惑が潜在的にせよ、当然あるわけです。

こうしたケースで例えば父親が亡くなった場合、その妻（子の母）がその住まい（不動産）を相続すれば小規模宅地の特例は適用されますが、別居している子には適用はありません。相続税の事を考えると、子がこの土地を相続するという選択肢はなくなります。

次に、その母親の相続が発生した場合はどうでしょうか？

その時、息子（その妻を含む）が一定期間自宅を所有していなければ、息子はその相続する親の住んでいた土地について小規模宅地の特例の適用を受けることが出来る可能性があります。つまり、相続があった時、被相続人が居住していた不動産に同居している相続人がいない場合、自宅を所有していない（貸家住まいの）相続人がいて、その人がその不動産を相続する（その後も引き続き所有する）ならば、小規模宅地の特例は適用できるのです。

これは決して稀なケースとはいえません。例えば、姑と嫁の折り合いが悪いため、子の住居は別にあるけれど息子が母親の自宅に時々宿泊して介護をしていた場合に、その母親が亡くなればその家に息子夫婦が引っ越してくるということが考えられます。

こうした可能性のある時は、親が在命の内は息子も慌てて自宅を取得することを考えず、将来どこに住むかを見極めて方針決定をしたいものです。今回は息子のケースとして話を進めましたが、言うまでもなく娘の場合も同様です。

6 小規模宅地の特例

相続人が住んでいない土地の適用

小規模宅地の特例の適用を受けると、居住用の土地は３３０㎡までは相続税の評価額から80％減額した金額を相続税の課税される価格に出来るので、実質20％評価ということになります。もし、居住用の土地を持っていなかった場合には相続税対策として居住用の土地を買っておくことを考える必要があるわけです。無理をして不要な土地を買う必要はありませんが、借家住まいで預金を沢山持っている場合などは相続税対策として一番効果がある方法です。

一方、両親亡き後親が住んでいた不動産を相続する場合、他の相続人がそこに住んでおらず、しかも自分（配偶者も含む）は居住用家屋（以下、自宅と言います）を持っていない（相続開始前3年以内）ならば、その土地について小規模宅地の特例の適用を受けられる可能性があります。この場合、その人が相続後そこに居住せず借家に住んだままであっても適用できます。つまり、下手に自宅を持っていると親の相続の際、相続税のリスクは高くなるわけです。被相続人は居住用不動産を買っておく、相続人は自宅を買わないでおく、というコツがあるわけです。

◉ケーススタディ◉

【前提】被相続人が居住用不動産を持っている

相続人が自宅を持って居らず、小規模宅地の特例の適用を受けられる条件を満たしている場合 と **相続人が自宅を別に持っている場合** の相続税額の比較

※建物の評価額は、古家なので0とみなしています。

（自宅を）
被相続人　持っている
相　続　人　持っていない

被相続人の土地
(300㎡)

時価　土地　　1億円
相続税評価額　8,000万円

小規模宅地の特例適用後
（8,000万円 ×0.2）
相続税課税価格　1,600万円
(財産がこれだけの場合)

↓

相続税　0円

（自宅を）
被相続人　持っている
相　続　人　持っている

被相続人の土地　　相続人の家

時価　土地　　1億円
相続税評価額　8,000万円
↓
相続税課税価格　8,000万円

↓

相続税　最大680万円
（相続人1人の場合）

7 こんな土地にも小規模宅地の特例が使える

小規模宅地の特例は、被相続人が所有していた土地、すなわち相続財産に対してのみ適用されます。そして、それはほとんどの場合、被相続人が居住していた土地であり、そこに同居していた配偶者や親族がその不動産を相続し、そのまま住み続けるということが前提になります。

しかし、被相続人が居住していない土地でも適用できるケースがあります。被相続人と同居していなかった親族（相続人）が被相続人所有の別の不動産に住んでいて、被相続人と扶養関係（生計を一つにしている）にある場合、自分たちが住んでいる土地を相続し所有し続ける時は、相続人はこの特例の適用を受けることができるのです。適用出来れば、土地の評価額から80％（３３０㎡まで）減額することが可能になりますから、そういったケースに該当しそうな人がいる時は、遺産分割は慎重にしなければいけません。この適用により相続税全体が少なくなることで、すべての相続人の共通の利益につながるからです。なお、適用要件としてその土地を相続した人はそこに住み続けることも必要です。

つまり、何らかの事情で被相続人と同居できないけれども財布は一緒という親子の場合に、相続人の立場を考慮して、被相続人の住んでいなかった土地でも特例の適用が認められるわけです。

第6章

生前に考える権利調整

1 生前対策のポイントは二つある

相続が起きて沢山の財産を引き継げば、相続税も多額に発生します。特に相続財産が土地などお金でない場合は、納税することが大変なのでお金の準備が大きなテーマになります。また、自分の財産を特定の誰かに相続させたいと思っている場合、生きている内に先に渡してしまうか、或いは、亡くなった時きちんと相続させられるよう準備しておくことも大切です。

人が自分が亡くなった時のために事前に行なう生前対策は、この二つの大きな課題に対しての行動です。

◉相続税対策

1．相続財産の評価を下げることで相続税を減らす

例えば、持っている預金を使って土地を買えば、土地の評価額は時価の80％程度な

ので、相続税の申告上の財産としての価値は減らせます。また、家を建てて貸家にすれば、土地や建物の評価は更に下がります。これらは財産の形を変えて相続税評価額を減らす方法です。

2．相続財産を減らすことで、相続税を減らす

もう一つは財産そのものを減らす方法です。法定相続人に財産を贈与してしまうわけです。相続税より贈与税の方が税率が低い場合には有効です。

或いは、孫や親戚に財産を贈与してしまう方法もあります。彼らは相続人ではないのでいつ渡しても相続税には影響しません。ただし、元々積極的に渡すことを考えていたのでなければ、ただ自分の財産が目減りするだけということにもなり、あまり良い方法とはいえないでしょう。

相続財産の評価減ではありませんが、養子を1人増やせば、それだけ相続税の課税最低限が上り税率も下がるので相続税は減少します。ただ、一度養子縁組をすれば簡単には解消できないので、新たな人間関係のリスクが生じることは否めません。

◉受取人対策

1．遺言を書く

自分が誰に財産を譲りたいかを遺言書に書き残しておけば、指定された人が財産を

譲られることを否定しない限り、その人が財産を引き継ぐことになります。自分が作った会社の存続をその後継者に任せる為に株式を相続させるようなことが具体例として挙げられます。

2. 相続時精算課税制度の活用

これは遺言を書くよりも主体的方法であり、生きている内に自分の財産を相続人の誰に渡すかを決め、実際に贈与することです。要件を満たせば、一括で２５００万円以下の贈与には贈与税が課税されないので、一度に財産を贈与する場合

には便利な方法です。ただし、相続時には、この財産は全体の相続財産に持ち戻し（加算）されて相続税が課税されるので、相続税を軽減させる対策にはなりません。

なお、この制度は法定相続人でない孫にも適用できる可能性がありますが、その場合も相続時には孫の贈与された財産を加えて相続税は計算されます。

3．住宅取得資金の贈与

子が自分の住宅を取得する際にその資金を親が贈与すれば、一定額は非課税となります。この贈与はその時点で子への贈与として確定するので、相続税対策としては有効です。

贈与を非課税として受けられる金額は年によって異なりますが、だいたい５００万円～１０００万円くらいは受けられると考えていいでしょう。なお、贈与を受けたら贈与税の申告は必要です。

2 生前の一括贈与の離れ技

相続時精算課税の活用と注意点

財産の活用化を図って適用される相続時精算課税制度は、60才以上の親や祖父母が20才以上の子・孫に2500万円までの贈与をした場合は贈与税を課さない、というものですが、その親等が亡くなって相続手続をする際には遺産にその贈与分を加えて相続税が計算されますので、相続税対策にはなりません。しかし、「この土地は、あの子に残したい」とか、「あの子がどうしても今、家を買いたがっているのでお金を出してやりたい」など、自分の財産を特定の相続人に渡したい場合には遺書を書いておくより確実に自分の目の前で財産の方向づけを実行できる、という点で優れています。

ただし、子が何人かいる場合に1人の子だけに財産を先渡しすることは、他の子との関係がギクシャクすることにもなり得るので注意が必要です。法定相続人でない孫へ贈与をすれば、孫の親でない別の子にとっては将来の遺留分にも影響を受ける可能性もあり、なかなか納得しないことでしょう。つまり、税制が相続人の間での権利調整に新たな波紋を呼ぶ可能性があります。

また、自分が住んでいる土地は、一定の面積までは相続税の計算上、大幅な評価減をすることができるのですが、子にその土地を贈与してしまうと、この小規模宅地の特例は使えなくなりますので気をつけて下さい。つまり、先に贈与した土地の評価額を加えて相続税の計算をする際には、「居住用」だから330㎡までは80％減額できるというアドバンテージは使えない、ということです。

この他、毎年110万円まで非課税で出来る贈与は、この制度を適用すると贈与した人からの新たな贈与については使えなくなってしまいます。つまり、生前に相続に備えてのささやかな税金対策も封じられてしまうわけです。また、贈与時の価額が相続時の課税価格として組み込まれるので、不動産など値下がりがあった場合には大きなリスクも生じます。相続時精算課税制度は、税金面では全くメリットのないものとした上で財産の目的性のある贈与の時に活用してください。

3 法定相続人以外へは生前に贈与する

相続税がどのくらい発生するかは持っている財産を評価すれば、ある程度わかります。そこで、相続税の負担を減らす為に生前対策をするわけですが、相続人への贈与は被相続人が亡くなる３年前までの分は相続財産に加算され相続税の対象となります。一方、法定相続人でない孫や甥姪への贈与は渡し切りで、相続の際、相続財産には加算されないので、単純に課税される相続財産を少なくすることができます。但し、この場合注意したいのは、贈与財産に対して課税される贈与税の税率が相続税のそれより高い可能性が多いことです。よって、生前対策として相続人以外の人に贈与をする場合、まとめて１人だけに贈与せず、なるべく多くの人に何年かに分けて贈与をすることが肝要です。

貰う側は１人当り１年間にもらった財産について基礎控除１１０万円を控除出来るので、１１０万円まで贈与税は０です。仮に２００万円贈与されるなら90万円（２００万円－１１０万円）に対し税率が10％となり、９万円の贈与税となります。従って、例えば３人の孫に毎年２００万円ずつ５年間贈与すれば３０００万円（２００万円×３人×５年）の贈与が成立し、これについて贈与税の合計額は、９万円×３人×５年＝１３５万円です。

但し、贈与は贈与する側とされる側の契約であり、実際にはお金を渡さない、ということでは贈与になりません。結果的に孫が貰ったお金を自分のものとして勝手に無駄遣いをするかも知れません。その辺りは十分注意が必要です。

なお、相続時精算課税制度を利用した孫への贈与は、相続時には改めて相続税の計算に組み込まれるので相続税対策にはなりません。

【贈与税の計算例】

ある人が1年間に贈与された金額の合計額が400万円の場合、この金額から基礎控除額を差し引いて、その残額を計算します。400万円−110万円（基礎控除）＝290万円。この290万円を課税価格と言います。贈与税の税率は超過累進税率で贈与された金額が多くなるほどその高い部分にかかる税率は高くなります。贈与税率は一般の場合、課税価格に対して200万円以下ならば10％、200万円から300万円までは15％となります。

したがって、290万円は200万円の部分については10％、90万円部分については15％の税率が課せられます。

200万円×10％＝20万円
90万円×15％＝13万5000円　　合計　33万5000円

これを贈与税の速算表（101ページ参照）で一遍に計算すると、
290万円×15％−10万円＝33万5000円ということになります。

4 孫への贈与の仕方

子や孫に預金を毎年贈与するのは、相続税対策としては割とポピュラーな行動です。この場合、きちんと孫に贈与したことを明らかにしておかなければなりません。といって、孫の預金口座に入金してしまうのはあまり好ましくありません。贈与はお互いに「上げる、貰う」という一つの契約であり、後から「返してくれ」とは言えないからです。結果的に渡したお金を雑に使ってしまうかも知れませんし、後からお金が必要になっても返してもらえるという保証もありません。後悔する可能性が十分あるのです。

こうした時は、孫にはお金は預かっておくと断って、銀行の貸金庫などにキャッシュで贈与したお金を置いておくことが良いでしょう。実質名義は自分から孫に変わっているわけですが、外見上、現金は何の変化もないし、自分の手元に置いておけます。こうすれば、何かの時には孫にお願いして「貸してもらう」こともできるし、無意味にお金を費消される心配もありません。

但し、確かに孫に贈与したわけですから、貰った孫は非課税の範囲内でも必ず贈与税の申告をして贈与を確定させておく必要があります。贈与の証拠を残さなければ、贈与と

認められないリスクがあるのです。

自分の目の届くところで、かつ、しっかり証拠を残す形で贈与を行なうことがポイントです。

さて、孫への1500万円までの教育資金の贈与について贈与税の非課税の枠を使うようにと、業者の大がかりな宣伝広告が続きます。本来、子の面倒を見るべき親を飛び越えて、祖父母が大金を孫に投じることを推進することが、果たして社会生活上の在り方として良いことなのかどうか意見が分かれるところでしょう。

ところで、扶養関係のある家族やそれに準じた立場の孫に対して学校の教育費や生活資金を渡すことも贈与税の非課税の範疇に含まれます。こうした贈与の非課税の情報はあまりビジネスにならないので広まりませんが、子や孫への贈与も多くの場合この適用で対応できるものと思われます。一方、結婚、出産、育児の資金のための贈与をした場合の１０００万円の非課税の適用を受ける場合も金融機関に資金を預託（預金とは全く違います）しなければならないなど、一定の手続が必要です。本来の贈与税の非課税として無条件で贈与できるのか或いは手続が必要な非課税の制度の適用を受けるべきなのか、贈与しようとした時には、直接課税庁に聞いてみることも一法です。

5 贈与をされたら申告を！

相続税対策として生前贈与は原則的な手法です。その場合、相続人以外に贈与をして相続財産を減らすという短期的な考え方と、相続迄に毎年少しずつ相続人に財産を贈与しておくという長期的な考え方があります。後者の場合は、相続開始前3年以内の贈与財産は相続時に合算され事実上効果がなくなってしまうので、5年、10年という長期計画で考える方法といえるでしょう。

相続人以外への贈与については、主に孫への連年贈与が考えられます。孫に財産を移転しても孫は法定相続人ではないので、その財産は相続財産に含まれず、相続時には直接

的な相続税の軽減策となります。何人かの孫に贈与をすることで効果は大きくなりますが、渡した後の管理をしっかりしておかないと贈与を認められないこともありますので注意が必要です。つまり、この場合孫が贈与税の申告を必ずしておくことが必要です。申告をするのはもらった人ですので、申告によって贈与の事実が確定できるからです。贈与税は1人が1年間に回数に関係なく、すべての人から財産の贈与を受けた金額の合計額が１１０万円まで課税されない（基礎控除１１０万円）ので申告は不要なのですが、仮に50万円の贈与でも贈与の事実を確定させる為に申告をして下さい。税務署で30分もあればその場で申告書を書いて提出できます。印鑑もお忘れなくお持ちください。

6 贈与の賢い方法

ある人が誰かに贈与をする―これはお互いの契約であり、贈る側と受け取る側の２人の合意がなければ成立しません。そして、貰った人は年間１１０万円までは贈与税は課されませんが、それ以上の金額を贈与された場合には金額に応じて贈与税を払わなければなりません。

ある年の12月…
贈与じゃ
200万円もいらないよ 100万円だけもらうね
100万円
100万円
次の年の1月…
贈与じゃ
え！ また100万円。やっぱりうれしいな 大事に使います
100万円
このように2回に分けて贈与すれば贈与税はかからないわ
かからなくても申告は忘れずにね！
税務署
確定申告
PC

この贈与税の負担を軽減するための一つのテクニックに連年贈与という方法があります。例えば、２００万円を贈与する場合、一度に全額を贈与すると贈与税は９万円かかります。（２００万円－１１０万円）×10％（税率）＝９万円

これを、ある年の12月に１００万円、次の年の1月に１００万円、と2回に分けて贈与すると贈与税は0です。贈与を受ける側は1カ月の違いですから2回に分けて贈与してもらう方が賢明です。

この場合、あくまで12月と1月に1回ずつ贈与するというお互いの確認が必要です。一度に贈与してもらうはずの２００万円をただ分割する、というのとは違うのです。もらう側の人は初めに「２００万円はいらない。１００万円ください。」と１００万円をもらうのです。そして、１カ月後改めて贈る人の意志を確認し、「くれる」というならば１００万円をもらうのです。税法は非常に細かく契約の解釈に踏み込んできます。なお、１００万円もらうことで各年ごとに贈与税はかからなくても、納税額０で贈与税の申告をしておくことをお勧めします。

7 一般社団法人をつくって文化活動を次世代へ

一般社団法人（以下、社団という）は公益法人に関する抜本的制度改革により、株式会社と同様に要件さえ満たせば登記によって必ず設立できるようになりました。

社団には持分という概念がないので、その構成員たる社員が事実上の経営者ということになります。公益活動を行なうことを義務付けられた公益社団法人（行政の認定を受けます）以外は、営利企業と同じ様に収益活動や給与の支払いなど通常の経営活動を行なうことができます。個人的に文化活動・社会活動などを続けていた場合などは、社団を作って次の世代に向けて活動の方向づけをすることができるのが大きな魅力です。

社団の社員を家族（推定被相続人と相続人）や信頼できる人で固めて運営をすれば、第三者に財産を侵害されることもありません。こうした方針の下に生前に財産を社団に移しておけば、相続時にはその財産は相続税の課税対象から除外されます。その財産が将来的に文化活動に活かされるわけです。相続人は社団の役員や従業員として、給与を受けとることも出来ます。

この場合、いくつか大きな注意点があります。個人が社団に不動産や株式を譲渡（時価で売却する）した形での移転は、譲渡した人がその財産を取得した時の価額と時価との間に差額があれば、譲渡した人に譲渡所得税が課税されます。譲渡した金額によっては、社団に法人税が課税される可能性もあります。

つまり、社団を設立してこうした対策をするのは財産を移転するにあたって生じる税金を見越した上で、相続税が課税された場合の税率の方が高い場合、つまり、両者を比較して相続税の方がかなり納税額が多くなると見込まれる場合には考慮する価値のある方法だといえます。

相続税を払った後に相続人が自分達の思いで文化活動を続けるのはなかなか大変です。生前に自分がやってきたことの社会的意義を相続人に具体的な形を作って伝えていくことが活動存続の有効な手段です。

なお、社団を活用した相続税対策については、不当に相続税・贈与税を回避する意図をもって行なったと判断されると、その行為に対し課税を受けることがあるので、この点も忘れないようにしてください。

第7章　分割協議での権利調整

1　遺産分割協議書こそ権利調整の本丸

相続人の間で相続する財産の行方が決まれば、遺産分割協議書を作成します。書き方のポイントとしては、亡くなった人の財産を誰が相続するのかはっきり記載するとともに、その財産の内容と所在について明らかにすることが重要です。とはいえ、たとえば預金についてその金額まで書き入れる必要はなく、どこの金融機関のどの支店かとその口座番号が記載されていれば十分です。

不動産については、単独所有と考えがちですが、何人かの共有名義にするということも珍しくありません。また、被相続人の所有の段階から共有名義という場合もあるわけで、この場合、本人（亡くなった人）の持分を明示し、それを相続人の誰がどれだけ相続したかを記載します。生命保険は受取人の固有の財産なので遺産分割協議書には載せません。また、細かい財産（家具・未収の家賃）などはお互いが合意していれば一式等の表示で良

いでしょう。一方、借入金・未払金などの債務を引き継ぐ人が誰なのかも遺産分割協議書に記載しなければなりません。一族の祭祀を司る人も載せておくと良いでしょう。

最後に協議した日付を入れ各人が自署押印し、相続人が一部ずつ所有できるように人数分作ります。複数ページになった場合には、ページの間に全員契印します。印はもちろん実印を使い、それぞれ印鑑証明書を遺産分割協議書の部数分用意します。印鑑証明書は、いわゆる3カ月以内という期限はありません。ただし、それぞれの相続人が相続人全員の印鑑証明書を持つ必要があります。これによって相続人は自分1人で、たとえば不動産登記ができるわけです。

遺産分割協議は相続人同士が被相続人の遺産を相続人の誰が引き継いだのかを決める手続であり、いつまでにしなければならないという定めはありませんが、協議書には皆が実印を押し一度決めれば撤回はできません。つまり、お互いの納得の中で遺産に関する権利調整が最も具体的に明示されるものが、遺産分割協議書なのです。

2 遺産分割協議にもいろいろな方法がある

例えば亡くなった人に配偶者と2人の子がある場合、法定相続人はこの3人だけであり、法定相続分は配偶者は1／2、子はそれぞれ1／4ずつとなります。これは、それぞれの相続人が自分がもらえる分として主張できる目安に過ぎません。3人の相続人が話し合いをして、例えば配偶者が財産を全て相続したとしても、2人の子が納得した結論であれば、それはそれでよいのです。

この3人で相続財産を誰がどれだけ相続するかを協議することを遺産分割協議といい、この話し合いは「いつまでにしなければならない」という期限はありません。3人が納得すれば全員が署名捺印をして遺産分割協議書を作りますが、例えば、ある土地だけは誰が相続するか結論が出ない時は、その他の財産だけで分割協議をしても良いのです。逆に「自宅は配偶者が相続する」ということだけが決まったならば、自宅だけの分割協議書を作ることもできます。相続税の計算では自宅の分割が決まっていないと不利になるので、自宅

の分割を急ぐことは珍しくありません。

遺産が銀行預金しかない場合は、誰が預金を相続するかを決める銀行所定の様式があるので、それを使って相続人が預金を引き継げば別に遺産分割協議書は作らずに終わります。

3 絶対作っておく必要がある遺産分割協議書

相続があり、相続人の間でそれぞれの取得財産が決まれば、不動産の場合あえて登記しなくても日常ではそのまま相続人は自分のものとして使うことができます。しかし、だからといって分割協議書を作らずに放っておくと、いざ登記しようとした時、大変なことになってしまう場合があります。

相続の時点では納得していたはずの他の相続人が考えを変えて、「ハンコ」を押してくれなければ分割協議書は作成できません。また、相続人が死亡し、その子供が新たに相続人として登場した場合、法定相続人の人数が増え人間関係も疎遠になっていくため意思統一ができず、どんどんややこしくなっていくことが必定です。改めて、いくばくかのお礼をしてハンコを押してもらうことなども珍しくありません。

相続があって話し合いが決まれば、必ず分割協議書を作成し、実印で署名押印し、各人の印鑑証明書を添えて持っておくことが必要なのです。なお、この際の印鑑証明書は登記する際に期限は問われません。

4 相続財産以外の財産も活用する分割協議

例えば相続する財産が土地しかない場合、その土地に住んでいる相続人がその土地を相続したいと強く思っていても、他の相続人も自分の相続分を要求するので、さてどうしようか、ということになるのは、よくあることです。

法定相続分までとは言わなくても、ある程度は欲しい、という他の相続人の要求に応えるためには、その土地を売って皆でお金を分け合う、というのが一つの方法ではありますが、その場合住んでいた人は新たな住居を探さなければなりません。

また、土地を売却すれば、その売却益について各々の相続人は所得税を払わなければなりません。つまり、各相続人が土地を共有で相続した後に売却をすることになるのですが、昔被相続人が安く買った土地であった場合には売却することで売買益が出て所得税が発生するわけです。結果的に、相続税はかからなくても所得税がかかるので、相続人の手取りは減ってしまいます。

こうした場合には、土地を相続した人がその代わりに自分のお金を他の相続人に支払うことで全体の相続を完了させるという方法を考えてみたいものです。この資金の一助として、同居している相続人のために被相続人がその相続人を受取人とする生命保険に加入しておくことも有効な方法です。

つまり、相続財産以外のお金を相続人が拠出することで相続を円満に終了させるのです。この形を代償分割といいます。また、遺産分割協議書の中にその旨の記載もします。相続は、相続財産の中だけで解決させる必要はないのです。

5　まとめて2人の分割協議をする

父が死亡し、その相続財産についての分割協議を終える前に、今度は母が死亡してしまい、法定相続人として子供2人が残されたとします。この場合、最初に亡くなった父の相続人は、母と子2人の3人であり、母の相続人は、子2人ということになります。

つまり、２人の子は、父と母の両方の相続人であり、且つ、それ以外に相続人は存在しません。こうした場合は、一遍に２枚の分割協議書を作ることができます。つまり、父の相続財産は仮に母に一度相続されたとしても、結局子２人に相続されるわけであり、亡くなった母の相続人として誰かが現われて２人の権利を侵害することは無いからです。（つ

まり、その誰かは存在しないのです。）

従って、考え方としては、父と母の財産を合計したところで2人の子がお互いの考えを協議しそれぞれの取得分を決め、その上で、父と母の遺産分割協議書を作ることになります。

この場合、父と母の合計の相続財産について、子2人はそれぞれ1／2ずつ法定相続分があるということになります。

なお、相続税が課税される場合、申告は父の分と母の分をそれぞれする必要があります。

第8章

配偶者との権利調整

1 配偶者が相続した場合の絶対的優遇

相続において、被相続人と全く血縁関係が無いにもかかわらず、配偶者の権利には絶対的なものがあります。先ず最初に、被相続人から相続出来る法定相続分は他の相続人に対して断然優位にたっています。

配偶者の法定相続分は配偶者と子の場合は1／2、配偶者と直系尊属の場合には2／3、配偶者と兄弟姉妹の場合には3／4ですし、もしこれら他の相続人がいなければ、配偶者がすべてを相続出来ます。また、遺言で「すべて配偶者へ相続させる」と書かれていれば、兄弟姉妹には一切相続させないことも可能です。

相続税についてみても配偶者が取得した財産は、法定相続分か1億6000万円のいずれか大きい金額までは課税されないという特典があります。

例えば、法定相続人が配偶者だけの場合は配偶者の法定相続分は100％なので、ど

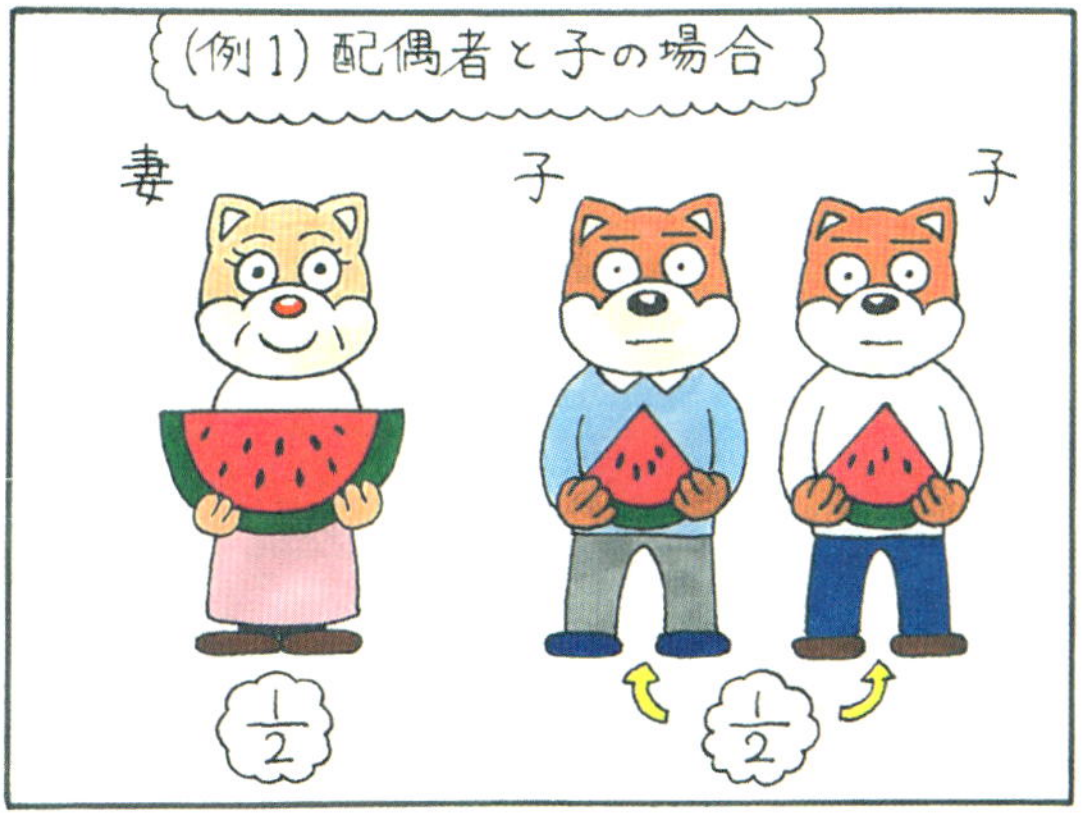

(例1) 配偶者と子の場合
妻
子
子
1/2
1/2

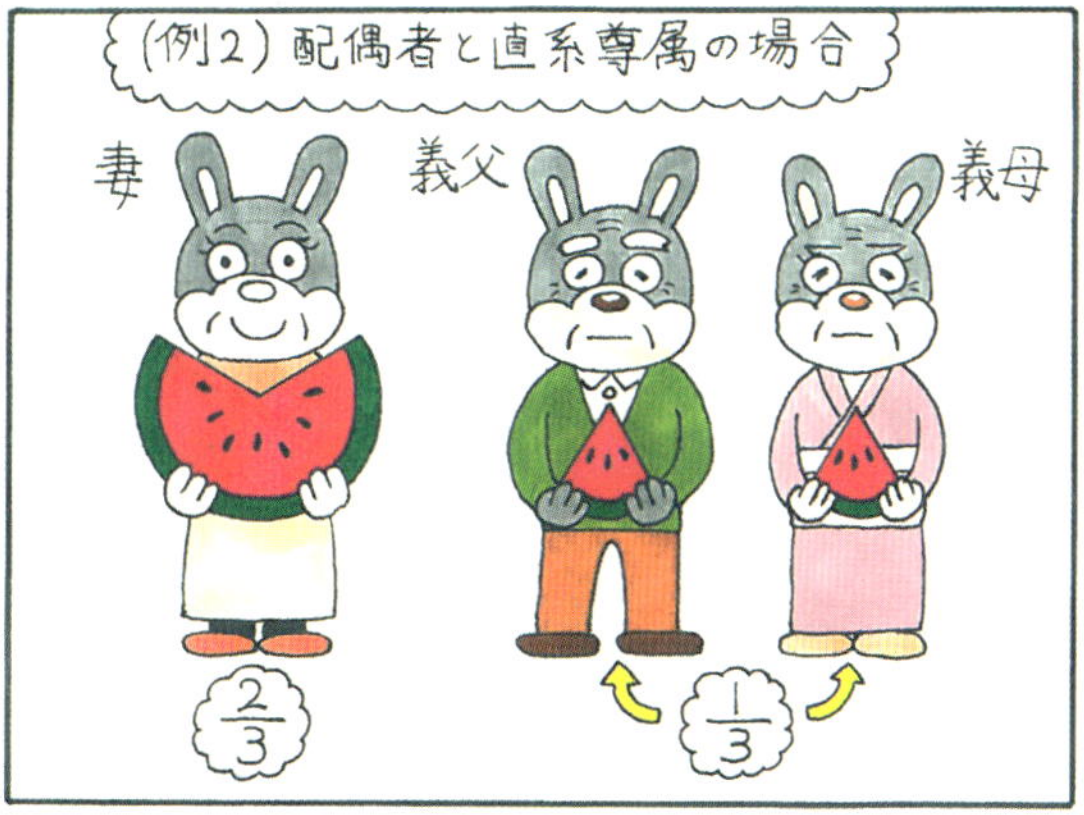

(例2) 配偶者と直系尊属の場合
妻
義父
義母
2/3
1/3

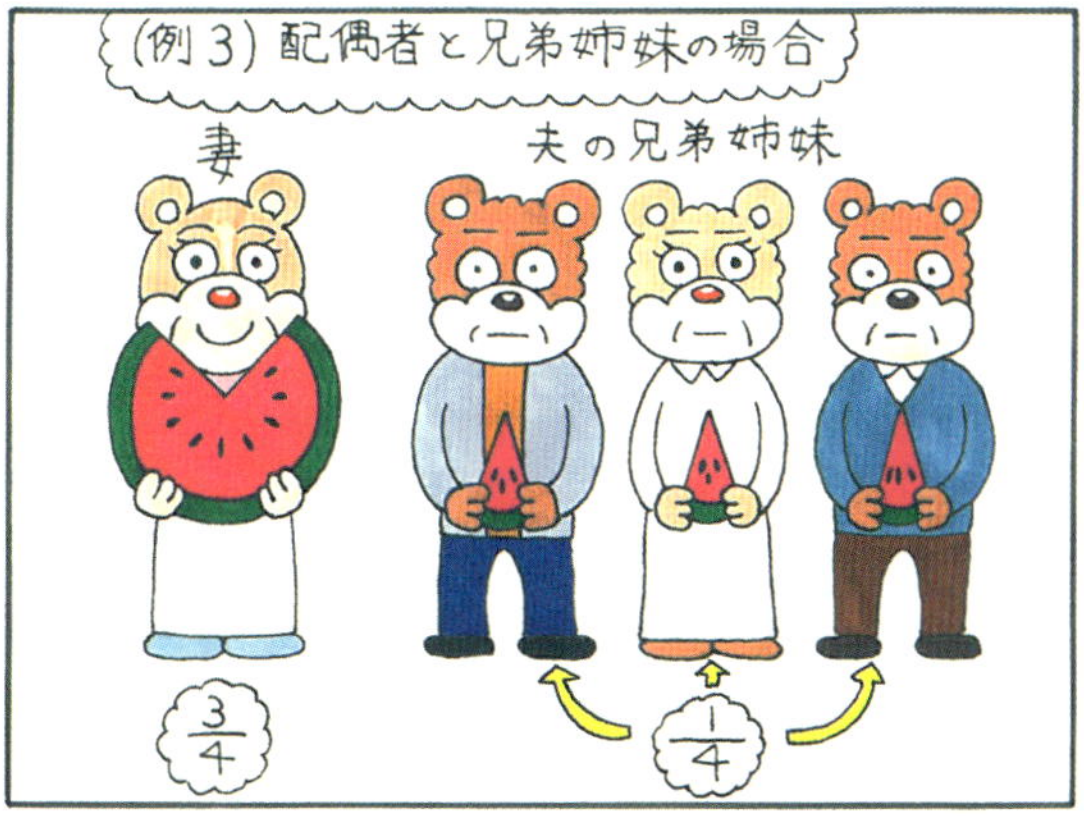

(例3) 配偶者と兄弟姉妹の場合
妻
夫の兄弟姉妹
3/4
1/4

んなに沢山の財産を相続しても一切相続税がかかりません。通常、被相続人には1人くらい兄弟姉妹がいるので、こういったケースは少ないと思いますが…。

もし、ある家族の相続で相続財産が1億５０００万円なら、すべての財産を配偶者が相続すれば相続税は全くかからないわけです。したがって、相続人の間で財産の分割について円満な権利調整が進み相続税をどう払うかがテーマとして大きい時には、法定相続分に拘わらず配偶者の相続割合を増やすことが選択されることは少なくありません。

配偶者のケース別法定相続分

配偶者と子の場合	1/2
配偶者と直系尊属の場合	2/3
配偶者と兄弟姉妹の場合	3/4
他の相続人がいない場合	1

相続税の観点からは配偶者への相続は同世代間の移転であり、近い将来、次の相続が起こるので、課税庁は徴税の執行を控えている、という側面もあるようです。

先に亡くなる立場の人は、残された配偶者に不利益にならないように、遺言などで自分の思いを遺しておくと一層安心感のある相続が行なわれます。

2 配偶者への住宅の一括贈与は非課税

20年以上連れ添った夫婦で夫（妻でも同様）の名義になっている自宅の土地・建物を妻に贈与した場合、相続税評価額で２０００万円までは非課税になる、という制度があります。

長い歴史のあるこの制度は、妻の内助の功を客観的に実現させようという特例であり、多くの夫婦が活用しています。

暦年課税の控除額１１０万円を加えて、合計２１１０万円を目一杯贈与すれば、夫婦で住んでいる土地・建物について1／2〜1／3は贈与出来、結果的に夫婦共有の不動産ということになります。相続税評価額は時価より20％程度低いことが多いので、小さな住宅ならほとんど贈与できる可能性もあります。ただ、将来的にも一緒に住むと思われるので共有の方が良いと思います。すべての名義を変更してしまうと日常的な夫婦のバランスが微妙に変わってしまうかもしれません。共有にしておき、どちらかに相続があれば残った方が単独所有にすれば良いですし、結果的に子がいれば最後は子に引き継がれていくので問題はありません。但し、子がいない場合、1／4は兄弟姉妹に法定相続分があるため、相続財産が自宅しかなければ分配を求められると自宅の売却を考えねばならなくなる可能

今までは夫だけの財産だった住宅
評価額 4,000万円
評価額2,000万円以内までの贈与を考えてみましょう
20年以上の夫婦
贈与
夫から妻へ住宅の一部を贈与した方がいいわね
贈与税0《ゼロ》
結果的に夫婦共用の財産になるわ！
夫の存在感アップ!!
相続税も減額に
妻の権利も明確に

性があります。

これに対抗するためには、遺言でお互いに「全財産を配偶者に相続させる」と明記しておくことが必要であり、そうしておけば、遺留分のない兄弟姉妹は何も言うことが出来ません。

話を戻します。この制度は贈与税の配偶者控除と呼ばれ、贈与をすれば渡し切りとなり相続税の計算にも持ち戻しされません。結果的に相続税対策という点でも非常に有効です。但し、名義変更することでの登記費用や相続の時なら無税となる不動産取得税が課税されるなど一定の負担が必要ですし、贈与をした翌年の3月15日までに納税額に関わらず贈与税の申告をしなければなりません。

3 居住用の土地は配偶者が相続するのが一番

亡くなった人が住んでいた家（土地）を誰が相続するかといえば、当然そこに一緒に住んでいた家族の可能性が高いのですが、故人に配偶者がいる場合は必ず配偶者に相続させることをお勧めします。

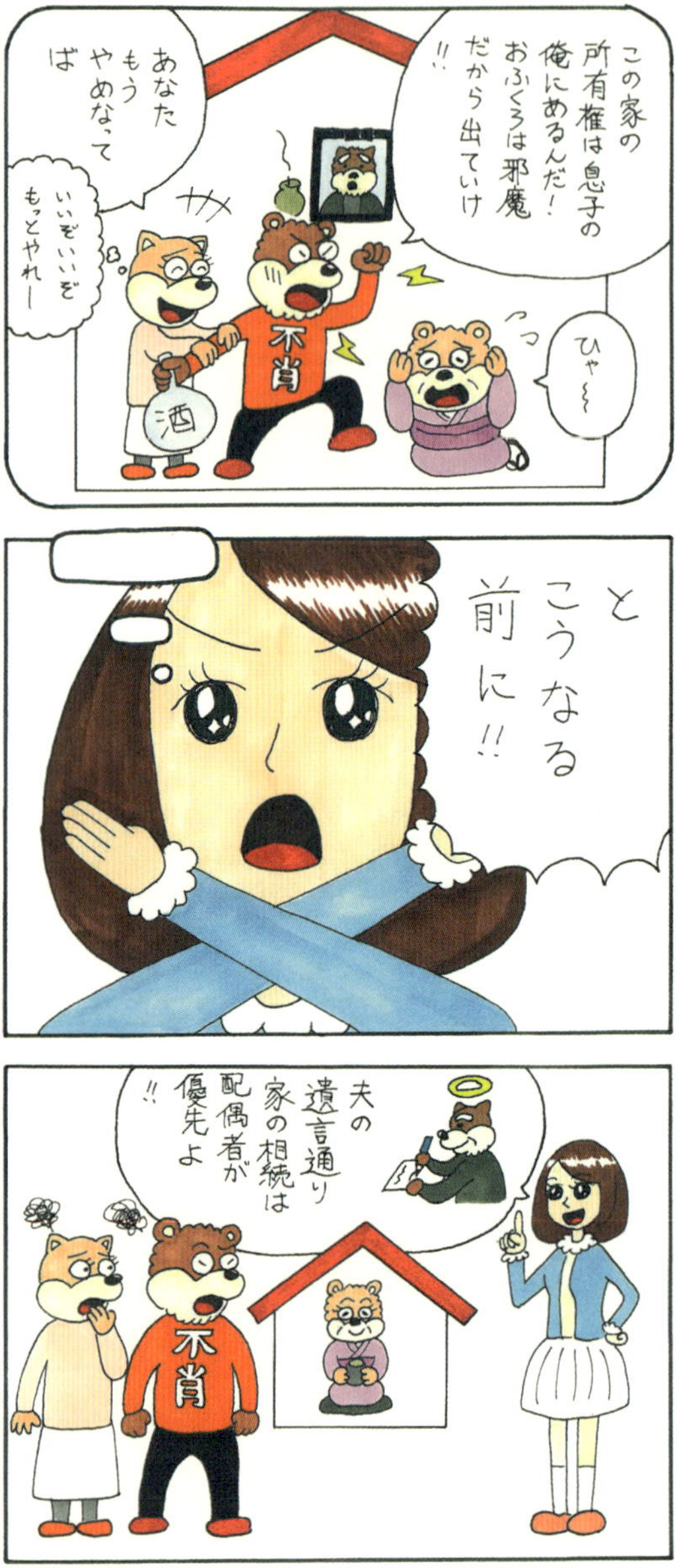

第一のメリットとして、被相続人の配偶者が亡くなった人の自宅を相続する場合、居住をしていなければいけないとか相続後すぐに売却してはいけないなどの拘束はなく、無条件で小規模宅地の特例を適用出来ることが挙げられます。その土地の地積の内３３０㎡までは、評価額を80％減額出来ます。更に、配偶者が相続するべきであるという大きな

根拠としては結局、次の相続時には子がその土地を相続するはずなので、とりあえず今回は配偶者が相続することに大きな問題はないことがあげられます。

逆に、配偶者と同居している子が相続した場合には、大きなリスクがあります。もし、子が親より先に亡くなった場合、その子に配偶者がいれば、当然その家は子の配偶者が相続する事態になってしまいます。つまり、いつの間にか所有者は元の家族でなく新たな他人に移行する事態になるのです。

また、こうした場合でなくても、子が不肖であれば親は家を追い出されたり、住みづらくなることも十分起こり得ます。安心して住み続ける為には、まずは亡くなった人の配偶者が相続することが絶対に必要なのです。

なお、配偶者の居住する権利を守るための具体的な民法改正も近い将来実現していく気運も高まっています。

第9章 相続人以外との権利調整

1 法定相続人以外が相続すること

日本の法律では、遺産を受け継げる人は、はっきりと限られています。この人達を法定相続人と呼び、それ以外の人は原則として相続できません。例外は被相続人が遺言を残すことで起こります。それだけに遺言書が有効か無効かは重要な問題です。

遺言により、法定相続人以外の誰へでも財産を相続させることができます。人ではなく、法人や国・地方公共団体などにも財産を譲ることもできます。また、子がいる場合には孫は法定相続人でないので、遺言を書かなければ孫は相続できません。（子が亡くなっている時は、その子である孫が代襲相続をする立場、つまり、法定相続人になります。）どうしても可愛い孫に財産をあげたいならば、遺言を残す必要があります。また、法定相続人以外でも遺言で財産をもらえば相続税の申告対象者になり、法定相続人と一緒にすべての相続財産に対して課せられる相続税の納税義務が生じます。

一方、会社や行政機関などが遺言によって財産を貰う場合は、貰った側で経済的利益の課税が行なわれるので、申告上相続税の財産からは除かれます。相続税は全体の財産について税金の計算がなされ、財産が沢山あるほど高い税率が適用されてしまいます。相続全体を考えた場合、法定相続人としては貰うべき財産は減りますが自分たちの相続税も減ることになるので、その点は一定の効果があるわけです。

こうした観点から、文化的な財産を沢山持っている人で文化事業を将来的に残して行きたい人は、財団法人や社団法人を作ってそこに遺言で文化的財産を寄付することで相続税の軽減を図ります。

2 会社に財産を相続させる

亡くなった時の相続税の負担を軽減させる一つの変わった方法として、遺言を書いて財産の一部を法人へ遺贈して相続税の計算から除外することが考えられます。遺贈する側もされる側も税務上メリットのある公益法人やＮＰＯ法人などに遺贈するのが一般的ですが、普通の利益法人に対して行なうこともあります。

例えば、1000万円の財産をA企業に遺贈した場合、この1000万円は相続税を計算する相続財産からは除かれます。そして、1000万円を無償で遺贈された企業は、収益（益金）として法人税が課税されることになります。この場合、法人の所得に対して30%〜40%程度の法人税が課される可能性がありますが、その法人が赤字法人で税務上の欠損金（最大9年間繰

越可能）を持っている場合は、一切課税を受けないことも充分考えられます。75％以上の法人が赤字である現状では、その可能性の方が大きくなります。また、相続税の最高税率である55％が課される相続ならば、法人税で課税を受けてもその方が税金は少なくなります。

自分の財産を試算して、こういう選択肢を考えてみるのも一つの権利調整です。もちろん、公益活動に熱心であるとか過去にその法人の代表者に世話になったとか、その法人に被相続人として財産を寄付するだけの根拠が元々ある場合の話であり、勝手にどこかの法人に寄付されれば、相続人は怒ります。

なお、この遺贈がお金ではなく不動産である場合は、亡くなった人（結果的に負担するのは、その相続人）に一定の所得税が課税される可能性もありますので注意して下さい。

3 相続の手続を依頼する税理士を決める

相続が起きて財産を整理していく過程で、税務署から申告書が送られてきたり、相続税が発生しそうだなと思うと、税理士を捜そうか、という流れになります。相続税の申告を自分でやろうという人も少なくありませんが、時間が掛るだけでなく、ちょっとした土地の評価や申告上のテクニックなど、初めて取り組む人には分からないことが多いものです。相続の場合、一つ一つに沢山の処理方法、つまり計算方法や法律の解釈の仕方があり、納税者にとって不利な選択をした場合は税額において大幅な負担増をもたらすことになります。

そこで、税理士に任せることが薦められるわけですが、税理士でもかなりの人は相続税の申告経験があまりありません。つまり、相続のベテランは簡単には見つからない可能性が高いといえます。特に、土地の評価などは経験によって大きな差が出ることも多いですし、実は申告以上に重大なポイントとなる相続人間の意見調整や分割の提案などは、税理士の資質によって進むことも多く、その仕上がり次第ですべての相続人の納得が得られるかどうかが決まるものなのです。

そこで、始めに相談の場を設けてもらい全般を任せられる人かどうか判断ができるまで、その税理士とよく話し合ってみることが大事です。一通り財産の構成や相続人間の状況などを伝えた時、その場で相続のポイントや、大まかな相続税の額などを具体的にスムーズに話が出来る人なら十分な経験のある税理士と云えます。

全く反応がない場合は、未経験者かコミュニケーション能力の弱い人であり、依頼してもこちらにストレスが生じる可能性があります。また、大まかに税理士報酬は「この場合にはいくらぐらい」と話せない人も相続税の申告の経験があまりないかもしれません。相続税の申告の報酬は、おおよその財産の総額と申告をまとめるまでの権利調整と財産評価にどのくらい時間を要するかという要素で大体決まります。つまり、相続申告を多く経験していれば、ある程度の内容が分かれば、初見でもどのくらいのボリュームかおよその報酬額の判断はつきます。

しかし、何より大事なのは税理士のハートであり熱意です。これがあれば、経験など少なくても相続人の間での権利調整を行なうための良いパートナーとなってくれることも決して少なくありません。結局幸せな相続をするためには、そこに関わる人同士の信頼関係の構築が第一ということなのです。

4 成年後見人がいる場合の心得

ある人に判断能力が欠落している場合などに、その人の権利を守るためにその人に代わって意志能力を行使するのが成年後見人です。高齢化社会を迎え、社会的には大切な制度ですが相続の場合、落とし穴があります。

相続人の内に成年後見人がついている場合には、重大なチェックポイントがあります。それは、遺産分割協議においてその人の法定相続分を崩すことができないということです。成年後見人には、相続に対して一族が幸せになるために権利調整をするという概念はありません。後見している人の利益を守るということにのみ注力をするのが、家庭裁判所から与えられた使命なのです。

本来、バランスの良い相続をするためには、法定相続の拘束を受けると大いに矛盾が生じます。一人の相続人に居住用の土地を残す、などという目的があっても法定相続に縛られ出来なくなることも起こります。法定相続は相続人の間の分割協議においては一つの目安に過ぎず、お互いが納得することを優先すれば多くの相続において法定相続の考え方はあまり意味を持ちません。成年後見人が入る相続は初めからトラブルを前提、つまり、

事件化した相続と同じ条件になっているのです。法定相続とは異なる分割をするには、他の相続人は成年後見人、そして裁判所にその分割を許可をしてもらうための立証責任を問われます。代表相続人が行なった葬儀の費用さえも被相続人の債務でないので支払いを認めないことも起き得ます。

つまり、相続において、成年後見人は一つの目的のためにのみ機能するロボットのような存在といえます。ここに人間的感情を注入するのが遺言です。被相続人の遺志を遺言によって、相続人皆が幸せな権利調整が出来るような方向に導くことができるのです。成年後見人には悪意があるわけではないので、しっかり遺言に書かれたことは遺留分の侵害がない限り受け入れるでしょう。

自分の相続が起きた時の相続人に成年後見人が予定されている場合には、皆のための財産の分配の具体形をイメージして早めに贈与するなり、遺言を書いておくのは必須といえましょう。

5 相続人がいない場合の相続とは

ある人に相続が起こり、相続すべき相続人がいない時があります。

例えば、配偶者も子も直系尊属や兄弟もいなかった場合です。このように法定相続人がいない場合、相続財産は国庫に帰属することになりますが、その手続の中で家庭裁判所が利害関係人の申し立て等により相続財産管理人を選任することがあります。すると、改めて相続人や相続権を主張する人を公告により捜し、現れなければ利害関係人に相続財産を分与することができます。分与した残りは国庫に帰属することになります。この分与を

受ける利害関係人のことを特別縁故者と言います。被相続人と生計を同じくしていた人（内縁の妻、その連れ子など）、介護にかかわった人など被相続人と特別にご縁のある人です。

裁判所はその縁故の期間や内容などを判断し、相当と考える財産を分与します。縁故があれば必ず分与を受けられるということではありません。また、自分から申し立てなければ、誰かが気を利かせて分けてくれるということもありません。

6 自分の会社に沢山のお金を貸しっ放しの場合

個人企業を長年社長として経営してきた人が自身の相続を考える時、多くの人に共通した問題があります。それは、自分の会社に貸している回収できないお金の行く末についてです。

中小零細企業の多くは数年から数十年にわたり長期の赤字体質を抱えながら、どうにか経営を保っています。赤字の補填は社長の手持ちのお金で賄うことがしばしばであり、結果的に多額の貸付金を会社に与えたまま回収は到底できないという状況に陥っています。相続の際、こうしたお金はその金額のまま評価されます。例えば、５０００万円の貸付金は５０００万円の評価額となります。相続した人がその貸付金を赤字会社から回収することは、ほとんど不可能に近いのに、です。そこで、生前に「この貸付金をできるだけ消滅させてしまう」という方法があります。それは、その債権を放棄することです。会社宛に内容証明郵便でその旨を通知することで手続は完了です。会社側はその年度の決算で債務免除益を計上し、その債務を消滅させます。これで社長が亡くなった時の相続財産は軽減されます。

注意しておきたいのは、会社が税務上の赤字、つまり、欠損金を持っていることが前提であるという点です。債務免除された経済的利益は法人税法上所得として課税対象になります。この所得を税務上の欠損金と相殺するわけです。法人税法上赤字は9年間繰越できるので、その赤字（欠損金）の範囲内で債権放棄すれば、会社も法人税を納める必要がありません。なお、貸付金をその会社の株式に切り替え（現物出資）ることでも一定の効果がありますが、手続が複雑ですし、他の株主との権利調整や新たな税負担が生じることもあるので注意してください。

7 嫁への遺贈は思いやりの象徴

嫁（子の妻）は、被相続人から財産を相続できる法定相続人からは除外されます。同じ家族として義理の父母と生計を共にし、介護など亡くなった人の面倒を実質的に主体となってみてきたとしても、その間、給料が支払われるわけでもないし、亡くなった後も遺産を分けてもらうことも出来ません。

この経済的利益に関する矛盾は歴史的に多くの議論がなされてきましたが、今も解決

されていないテーマです。ただ、ようやく民法改正の動きも具体的になってきており、いずれ新たな方向が示されるでしょう。

さて、亡くなった人が嫁に感謝し具体的行動をとっておけば、もちろんこの矛盾は解消されます。一つには生前贈与であり、もう一つは、遺言を書くことです。生前贈与の場合、年間１１０万円以上だと贈与税が課税されるので、毎年１００万円ずつ渡すなどの配慮がなされれば、非常に有効です。お金はないが不動産がある場合などは遺言で嫁にその一部を譲るとすれば、確実に嫁の権利は守られることになります。その気になれば簡単にできる手続ですが、日常の中ではなかなかできないものです。

人は思っていてもなかなか行動に移せないということ、更に、一緒に暮らしているからその時々で嫁への不満の種も生じたりして「まぁ、まだいい」ということになってしまうのでしょう。

そして、本当に自分が嫁に介護を受けるような状況になった時には、遺言を書くこともままならないという事態が起きてしまいます。こうしたことへの一つの対応策としては、夫である子が積極的に妻の働きを具体的事例をあげて親にアピールしておくことが有効です。

これも、なかなか伝えにくいことですが、自分の兄弟姉妹との間で将来トラブルが起きる可能性があるならば、親と同居している子（夫婦）は遺言書を書いてもらえるように働きかけることをお勧めします。

なお、嫁は法定相続人ではないので相続税は20％増しになります。相続人間で合意して嫁の取り分を法定相続人である子（嫁の夫）に相続させることができれば相続税は軽減できます。無論、当の嫁の了解が第一です。

8 隣地との境界を知っておく

隣家との境界は、通常、塀や垣根で区切られています。

しかし、そうした構築物も正確に境界線上に作られているとは限らず、自分の土地と隣の土地に入り組みながら位置していることは少なくありません。更に、その垣根もこちらが費用を負担しているのか、相手が支払っているのか、或いは折半なのか様々です。

これらの隣とのやりとりは、訴訟になっていない限り、一応はお互いの家同士で合意があるわけです。書面で決めていることはほとんどなく、両家の主の認識によってなされています。したがって、その当人が亡くなると、今までの事情をよく知らない相続人と隣家との間で新しいトラブルが発生することがあります。

壊れた垣根の修理費用の負担割合や、家の建て替えをする場合の境界の再確認など、当事者が変わることで思わぬトラブルが起きてしまうのです。こうしたトラブルを防ぐには、家の主は隣家との境界についての過去の経緯と自分なりの考え方を相続人に伝えておくことが大切です。

自家の権利の確認というよりも隣家と仲良くやっていくための知恵として、一定の譲歩と我慢を相続人に伝えておくことは相続後も隣家との良い関係を保つ大きな鍵となります。多少こちらの負担が多くても、隣家と長くトラブルを抱えることに比べれば安いものです。相続とは、こうした社会生活の知恵を引き継ぐ行為でもあります。

第10章 業者との権利調整

1 お金を使う相続対策のリスク

相続税の増税に備えて対策をしましょう、と沢山の業者が攻勢をかけてきます。銀行・信託会社・不動産会社・建築会社・住宅メーカー・生命保険会社などの宣伝は熱気に満ちています。

税金対策になるという点において嘘はないのでしょうが、こうした所が勧める対策は結局お金を使うことを前提とします。或いは、借金をして返済義務を負うことになります。要するに、相続税対策にはなっても、財産を本当に守るのか、というと心許ない対策が多いのです。

昭和60年代前半、バブルの時代に土地が暴騰した時にも、資産家に対して銀行が大金を貸して土地を購入させ、アパートやマンションを建てることで土地の相続税評価を下げる、ということが相続税対策としてしばしば採られました。確かに相続財産としての評価は現金で持っているよりは相当下がったのですが、その後に多くのリスクが待っていました。

まず、土地が暴落して資産そのものの価値が下がり大きな損失を生みました。更に、アパートへの入居が予定通り進まず家賃収入が入らないため、銀行への返済額が工面できなくなりました。そして、相続対策をした本人の相続が起きる前に、銀行から返済を迫られた末、土地を安く売って返済に充てたり、支払いにつまって競売にかけられたりしたのです。結局、相続が起きる以前に相続税対策は大失敗に終わってしまったケースが多々ありました。

今、性懲りもなく、住宅メーカーは賃貸住宅を作らせることに腐心しています。土地の価格こそ以前のようには暴落することはないかもしれませんが、貸家に人が入居し続けるかどうかということは、当時よりも余程深刻です。

今、全国的に空家率が20％を超えているそうですが、人口が減少する今後、その傾向はますます強くなっていくと考えられます。家賃が入らず借入返済に苦慮しているうちに相続が発生し、相続人にその負担がかかる可能性を考えれば、お金のまま残してその中から相続税を払って済ませる方が相続人にとっては余程安心です。

お金を使う相続対策は、あまり積極的に進めない方が賢明といえるのではないでしょうか。

次に、家賃収入が予定通りに行かなくなった場合（満室率50%）のリスクを考えます。

リスク1　家賃収入が予定より悪いと資金繰りに苦労する（下図参照）

家賃収入予定　年間600万円
（1億円建物投資に対して
6%利回りとして計算）

実際の収入	300万円(50%稼働)(600万円×50%)
金　　利	300万円(年利3%)(1億円×3%)
その他経費	100万円
収入300万円－経費400万円＝△100万円	△100万円 毎年100万円の持ち出しの可能性も起き、借入金返済どころではありません。

リスク2　手元資金が無くなっています。

対策前　1億円　▶　対策後　0円

リスク3　将来、建物を売却することを考えた場合、更に大きな損失が発生する可能性があります。

空室が多く、家賃収入が少なければ、建物の売却価値はその割合だけ減額評価とされるリスクが起きますが、建物は当初の60%評価とし、6,000万円を時価とします。
また、土地の時価は1億円のままとしますが、実際には土地の下落リスクも当然考えられます。

したがって、（不動産の売却収入）　1億6,000万円
1億6,000万円— 2億円＝▲4,000万円　…取得時より価値が低下

建物だけで、4,000万円の売却損となったわけです。（減価償却は考慮せず）
その他売却や諸々の諸費用1,000万円（仲介手数料、不動産取得にかかる諸税金、登記費用等）
合計5,000万円（4,000万円＋1,000万円）の損失となります。
⇨相続税の減税（1,220万円）をはるかに超える損失が生じることになります。

結果的に売却して手元に残るお金は、1億5,000万円。ここから1億円の借入金を返済して5,000万円。（経常的な赤字の補填分は別です。）
手元に残ったのは、5,000万円と元の半分になってしまいました。

結論

何も対策は講じず預金から相続税を支払って、8,780万円（1億円–1,220万円）をそのまま持っていた方が余程賢明といえるでしょう。

ケーススタディ ◉賃貸住宅と土地を購入して、相続税減税を試みた場合◉

【前提】相続人が1人だけで、その人が1億円の預金を相続し、相続税は1,220万円になることが見込まれる ⇨これについて生前対策を行う

預金　1億円

1億円借入して合計2億円で
土地・建物（アパート）を購入

建物：1億円（預金は0に）
土地：1億円　借入金1億円

［評価の計算］

建物

購入価額1億円の60%評価
1億円×60%＝6,000万円

土地

路線価で80%評価
1億円×80%＝8,000万円
アパートの敷地（貸家建付地）なのでさらに80%評価
8,000万円×80%＝6,400万円

減額効果　7,600万円
2億円－(6,400万円＋6,000万円)
＝7,600万円

相続税評価額 2,400万円

（内訳）		
	土　地	6,400万円
	建　物	6,000万円
	借入金	△1億円
	差　引	2,400万円

効果

相続税評価額が1億円である預金にそのまま課税されることへの対策を講じて、相続税評価額は2,400万円になります。2,400万円は基礎控除額3,600万円以下なので、相続税は0円。1,220万円の税金がなくなります。

2 路線価に惑わされるな

相続税の課税強化の影響で今までは課税されなかった路線価の地域が新たに課税されるようになり、例えば「東京近郊50㎞までが課税圏内になる」などの情報が流れていますが、これもよく注意して確認しなければならない情報です。

土地の相続税評価額は対象となる土地の面積に1㎡当たりの路線価を乗じて計算します。あくまで土地の大きさが問題なのです。例えば、所有しているのが30㎡の土地の場合、路線価が100万円／㎡であれば土地の価額は3000万円（100万円／㎡×30㎡＝3000万円）で、相続する財産がそれしかなければ相続税は課税されません。（定額の基礎控除額が3000万円なので、3000万円－3000万円＝0）

また、土地それぞれの形状によって最大40％程度まではその評価額を申告上、下げることもできます。また、小規模宅地の特例が適用出来れば、抜本的に課税価格を押さえることも出来ます。つまり、路線価というのは評価の尺度であり、窓口に過ぎないのです。それが一人歩きして、相続税改正により今迄相続税がかからなかったレベルの路線価の地域でも面積に関わらず一律に増税リスクが生じるとか、1㎡当たり50万円以上の路線価の

地域に住んでいれば誰もが相続税を負担するようになるといった誤った情報が課税不安を煽り、相続税対策のために土地を買換えさせたり、アパートを建てさせたりする業者の営業戦略を調子づかせることになります。

納税者がしっかり把握すべきは、その土地の正しい評価額に他の財産を加え、全体の財産として相続税が課税されるのかどうかを見極める、ということです。その際、居住している土地や賃貸している土地ならば、小規模宅地の特例を活用することを踏まえて判断すべきことはいうまでもありません。

3 金融機関での手続の注意点

相続財産の中には、ほとんど必ず預金があります。そして、預金は、相続があったことを銀行に伝えると勝手に下ろすことができなくなります。いわゆる「凍結」をされてしまいますが、それはすでにその預金は「特定の誰か」の財産ではないからです。亡くなる直前に預金を下ろしておくというのは、こういうことに備えての対応です。

そうした対応を取れずに亡くなってしまった人の預金を下ろす為には、法定相続人全員の実印を銀行所定の書類に押印し、印鑑証明書と戸籍謄本などを銀行に提出しなければなりません。また、その際は亡くなった日の残高証明書も合わせて請求し、預金額の残高を確認をするとともに相続税の申告に備えましょう。しかし、こうした手続について銀行の担当者自体があまり慣れていないことも多く、こちらの要望に上手に応えられないケースがよくあります。また、長い時間待たされたあげく、今日は手続だけで2日間お待ち下さい、などと簡単にいなされたりします。

相続人は、とにかくまず必要書類をしっかり把握し、申し込みをする時にどのくらいで手続をしてくれるのかを銀行の窓口で具体的に確認しておくことが大切です。それだけでだいぶ安心して待てるようになります。

また、提出書類は他の銀行でもまた必要になるので「原本は返して下さい」と予め言っておけば銀行はコピーを取って原本を戻してくれます。言わないと返してくれません。また、相続に対して快い対応をしてくれる銀行とそうではない銀行もあります。被相続人は、生前に対応の良い銀行に預金を移しておくのも相続人のための相続対策の一つといえるでしょう。

なお、通帳はないけれど、確かにその銀行に被相続人は預金していたはずだとか、どこの銀行に預金していたかも分からない、といったこともしばしばあります。こうした場合も可能性のある銀行に残高証明書を請求することで、被相続人の預金の所在が明確になることも多いので、不安な場合には銀行を廻って照会を行なうようにしてください。

ところで、金融機関の中でも信用金庫は地域と密着した営業を行ない、担当者も遠方への転勤もなく、長く預金者のことを考えてくれるポジションにあります。相続の相談や相続税の具体的シミュレーションなども無料で行なってくれるので、こうしたところを活用することも一つの方法です。

4 信託銀行に相続手続を任せる場合の注意点

遺言書の作成や亡くなった後の相続財産の分配の執行や相続税の申告書の作成など、相続に関わる様々なことを一括して信託銀行に委託する人が増えています。大きな会社であるから安心できる、ということが一番大きな理由です。個人に依頼した場合、その人が誠実に自分の求めた手続をこなしてくれないかも知れないという不安や、依頼された人自身が先に亡くなってしまい改めて別の人に頼まなければならなくなることも有り得るという不安があります。

その点、信託銀行に任せればその銀行が倒産などしない限り必ず約束したことは遂行してもらえる、という安心感があるわけです。その一方で、二つのリスクがあることも予め了解しておく必要があります。

一つ目は、金銭的費用がかなり高額であるということです。信託銀行は報酬規程で行った行為に関する報酬を綿密に定めており、依頼した側が相対で価格交渉できる余地はありません。些細なことでも行為の一つ一つに相当額の支払いが発生するわけです。遺言書執行などのメインの業務となると、僅かな財産に対してもかなりの金額の報酬が発生します。本来、相続税を納める必要もなく身内で分ければ簡単に終わるような相続であっても、手続の中で100万円単位での支払が生じるわけです。

もう一点のリスクは、契約を交わした後は依頼者といえどもその契約に縛られた手続きを強いられることです。例えば、遺言書を多少書き換える程度の作業でも手続きに数か月かかったり色々な制約を受けたりすることがあります。税理士個人に委託したり自分で公証役場で作成した公正証書遺言であれば1日で変更できるようなことが、信託銀行に委任したが為に非常にややこしくなるわけです。

遺言書を書き換えたかった時…
遺言書の内容を少し書き換えたいんじゃけど……
あーそれなら3ヶ月程待ってもらえますか？
3ヶ月!?
遺言執行時…
執行業務を行ったので100万円になります
え!? そんなに払うの!?
もうちょっと安くなりませんか？
なりません決まりですから
担当について相談した時…
あのー担当を代えてもらうことってできますか？
はい？当行はどの社員もお客様の立場にたって仕事をさせていただいておりますが！
有名な信託銀行だから安心して任せられると思ったのに……
そもそも財産がこれだけなら委任する必要なかったかも……
どよ～ん

また、一つ一つの作業は人間がする行為なので、大きな組織の信託銀行といえども担当者のこちらに対する配慮の在り方にも温度差があり、思いやりのない人が担当になると不愉快な思いをすることも少なくありません。こうした場合も信託銀行に委任したわけなので、こちらの都合で担当を代えるということもできません。

更に、依頼者にとって明らかに問題と思えるような対応を受けても責任を追及できないような契約を余儀なくされています。信託銀行に手続を委任する場合には、これらのリスクを承知の上で行なうことが必要です。

具体的な一つの目安としては、相続税が掛からない程度の財産で相続人の間でトラブルが生じる恐れが少ないならば、相続の手続については委任する必要はない、と考えて良いでしょう。

第11章 マイナスの相続の権利調整

1 相続放棄の判断

相続は被相続人が死亡すると同時に開始され、法定相続人は被相続人の権利と義務を承継します。つまり、何もしなくても必然的にそういう立場になってしまうのです。従って、もし亡くなった人が借金だけを残した場合、相続人はその尻ぬぐいをしなければなりませんが、それでは困ると思えば、相続放棄の手続をすることになります。これは通常、亡くなってから3ヵ月以内ということになっており、家庭裁判所に届出して許可をもらう(受理される)ことで終了します。相続放棄をすれば、当然、亡くなった人の財産をもらうこともできなくなります。つまり、相続には一切関わらなくなるということです。よく「私は相続は放棄する」という人がいますが、多くの場合ただ任意に財産をもらわないと宣言しているだけで、法的手続きをするわけではない場合が多いようです。

なお、亡くなった人が誰かの借入金の保証人になっていた場合も、その義務は相続人に承継されます。亡くなった人が巨額の保証をしていたような場合には、相続人は注意が必要です。

保証人になっていたかどうかは表面化していないことも多く、相続の放棄をすべきかどうかが3カ月では判断出来ない場合もあります。こうした時は、相続の限定承認をすることで、相続財産が借入金などマイナスの財産を上廻った場合のみ相続するという方法があります。しかし、この方法は手続上やや窮屈な点があるのと、そもそも保証人としての役割を果たす（保証した相手が債務不履行を起こす）事態が起きるのはいつのことか分かりません。不安の大きい保証人のリスクを避けるためには「放棄」を選択することが多いようです。

ところで、ある人が生きている内にその人の財産を放棄すると言って推定相続人同士で覚書を交わしたりすることがありますが、法的に放棄の効力はその人が亡くなり、相続が発生してからでないと成立しません。この点も注意してください。

2 限定承認を使う時はどういう時

相続が始まって3カ月以内に家庭裁判所に届け出して、相続を放棄する手続をすることがあります。相続人の間で「自分は相続を放棄する」として、財産の取得の辞退を伝えるやり方とは異なる法的手続です。相続する財産より引き継がなければならない債務の方が多い場合、受け取る財産と引き受けなければならない債務の両方を拒絶することができるわけです。つまり、被相続人が持っていた権利より義務の方が多い場合、相続人はそれを引き継ぐかどうか判断するチャンスがあるのです。3カ月の間にプラスとマイナスのどっちが多いか確認をするわけですが、たった3カ月ではその判断が出来ない、ということは少なくありません。

例えば、被相続人が誰かの借入金について連帯保証人になっていた場合、相続人は被相続人から保証人の役割を引き継ぐ義務がありますが、相手にトラブルが起きない限り表面上は支払義務はないので日常の中では気がつきません。こういうものについて、いつか不払が起きて、こちらに支払うように通知が来ることは、決して有り得ないことではありません。例えば、相続後2年経って突然そのような事が起きたら非常に恐ろしいことです。

このように表面上はマイナス要素がなくても、それが本当かどうか分からない場合、相続で取得した財産の範囲内で義務に応じる手続を限定承認と言います。つまり、相続をした財産を超えて自己の財産から被相続人の債務を支払う義務は免じてもらう相続手続です。

限定承認は相続があってから3カ月以内に相続人全員が家庭裁判所に届け出する必要があります。また、相続した財産についても相続の時に時価で譲渡があったとみなされるので、時価と被相続人がその財産を取得した時の価額に差がある場合は所得税が生じるなど、手続的には煩雑で経済的負担も大きいこともあるので、実際に適用するかどうかはじっくり考える必要があります。

3 借金を自分が亡くなった時返済する

不動産を持っているだけで、預金や株式など換金性のある資産、つまり、お金がないという高齢者は少なくありません。日々の所得が年金だけだと、生活費がやっと、ということにもなってしまいます。もっとお金を使って旅行に行ったり、好きな物を買いたくてもとても余裕がない、ということにもなります。

こうしたケースでは、住んでいる土地を担保にお金を借入するということが一つの生活設計として考えられます。もちろん、日々の家計の中から返済することはできないので、相続が起きたら、つまり、自分が亡くなったらその物件を譲渡して精算するという形です。まだ社会的には定着していませんが、今後増加が予想される方法です。

当然、土地には値下がりリスクがあるので時価の30～50%相当の借入しかできませんが、生活を楽しむ程度ならば充分といえる資金を手に入れることができます。

相続人は借入の条件によっては精算後一定の資金が残りますから、それを相続することになります。この方法は、被相続人が自分の財産を自分のために使ってしまうというものなので、相続人も文句は言わないでしょう。借入先は信託銀行など安心できる相手であることが必須条件です。

また、借入する場合の条件は信頼できる人にも一緒に確認してもらい、生前に財産の処分を求められたり、過度な借入金の返済を求められたりするなどの不利益が生じることのないようにしておくことが重要です。

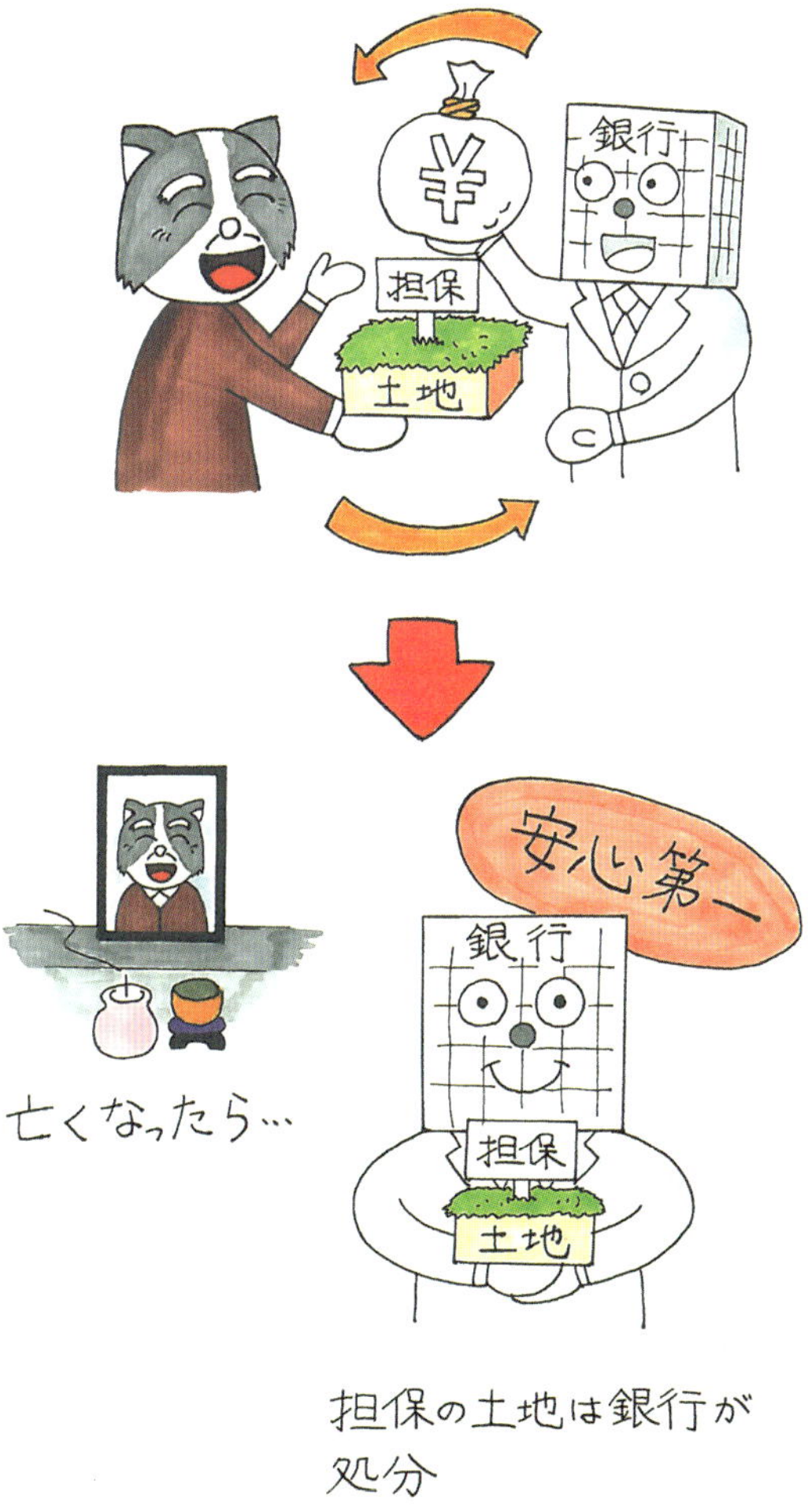

4 相続財産の評価は死亡日であることの落し穴

被相続人が他人にお金を貸したまま返してもらっていない状態で相続が始まると、その貸していたお金は現金と同じ価値として相続財産にカウントされます。亡くなった人が返してもらえなかったお金ですから、間接的な貸主にすぎない相続人がそれを返してもらうことは極めて厳しいのは当然であり、「これは不合理だ」と思う人も多いと思いますが、財産の性格上、そういう評価になってしまうのです。そこで、ずっと返してもらえない貸付金は、相続人の為に生前にその権利を放棄してしまっておいた方が良いかも知れません。

たとえば、500万円を貸している場合、この債権を放棄すれば500万円の損で終りますが、相続で最高税率の55%が課税されると相続税を275万円支払った上に、結局返してもらえなければ合計775万円の損になってしまいます。しかも、相続財産に現・預金がない時はそれこそ自分の預金から275万円を納税することになってしまうわけですから、典型的な泣きっ面に蜂の状況といえましょう。一方、所有している株式なども相続時点（亡くなった日）で時価評価されるので、仮にその後株価が下がって申告の時には半分くらいの価値になっても、相続税の申告では考慮してもらえません。

あくまで被相続人が亡くなった日に「その財産の価値がいくらであるか」という一点にしぼって評価されるのです。その日の価値が相続後もずっと続くことは案外少ないだけに、相続税には思わぬ落し穴があるのです。

第12章

預貯金の権利調整

1 相続後のお金のやりくり

人が亡くなると、その人の銀行預金口座は凍結され、使用できなくなります。従って、手元にあまり現金がない場合、葬式費用などの支払いに支障をきたさないように早目に預金通帳からお金を引き出しておくことが必要です。

もちろん、相続人全員が所定の様式に署名捺印し、印鑑証明書や戸籍謄本を金融機関に提出すれば預金は引き出せますが、亡くなった直後にそんなことをしている暇はありません。突然に亡くなった場合はやむを得ませんが、危篤な状況が続いている場合は引き出せるものは早く引き出しておくことです。

また、相続発生後早目に捜しておきたいものに、生命保険契約があります。亡くなった人が自分で色々やっていた場合、保険契約書など捜し出せないことも多くあります。分からない場合は、考えられる保険会社にどんどん問合せして調べてみましょう。

保険金が下りると分かったら、死亡診断書や戸籍謄本など色々書類を揃えて請求します。入金するまで1ヶ月程度はかかりますので、手続きは早くした方が良いでしょう。

2 預金・株の名義人は本当の所有者と言い切れるのか

預金通帳や株式の名義は、当然その所有者の名前になっているわけですが、実は名義人と本当の所有者が異なることは家族の間では珍しくありません。税法上も、もしそうした使われ方をしていても、本当の所有者から名義上の人に贈与があった、という判断はしません。贈与されているなら、贈与税の申告をしているはずだからです。あくまでその預金通帳の原資となるお金がどこから出たのかを考え、そのお金の所有者を実質所有者として判断します。したがって相続の際、預金通帳の名義が亡くなった人になっているものだけを相続財産とするのではなく、妻や子の名義だとしても実際には亡くなった人のお金が預けられた通帳であるならば、それも相続財産として申告しなければなりません。但し、夫婦の場合、家計につかうお金を夫のもの、妻のものといちいち区別していないことも多々あります。共働きの場合（或いは、ある時期妻が働いていた場合）は、夫が亡くなった時、

妻名義の預金額が夫名義のそれより沢山あるということも考えられます。こうした時、ある程度夫のお金が妻に流れたということは想像されるわけですが、妻が過去に働いて得た金額を丸々ためこんだと仮定して説明がつく範囲であれば大丈夫です。また、妻の個人的な財産である結婚前からの自分の所得、実家からの援助、結婚後の所得、そしてそれらの運用益も主張の根拠になります。

一方、妻が今迄自力で蓄えた根拠が何もなく、また、過去に全く働いたこともないのに、夫の預金額より妻の預金額が多い、などということになると、これはアウトです。時に資金の運用に敏感な妻が夫の預金をほとんど自分名義の口座に移してしまうことがあります。このようなことは、夫の方が高齢で妻にそうしたやりくりを任せている場合などによく起こりますが、夫の相続の時にはこのような預金は改めて夫の財産として相続財産に加えなければなりません。夫から妻へ規則正しく毎年100万円くらいの贈与を通帳上行っていれば、妻が実質所有者として主張できるわけですが、中々日常の生活の中でそんなことを考える人はいません。税法とは、そうした日常のあいまいさにしっかり着眼して課税してくる、ともいえます。

3　名義預金の妙

夫婦間で、夫が働いて家計を支えてきた場合、残っているお金（預金）は夫のものと判断されます。そのため、相続の際その預金は、夫の財産として申告することになります。妻がその預金を妻名義に変更したり、妻のへそくりとして貯め込んでいた場合でも同様の扱いとなります。

贈与税の申告をして公的に妻へのお金の移動を開示しておかないと、贈与があったということはほとんど証明できないからです。しかし、同じ夫の財産でも、妻の名義にしておくのとそうでないのとでは、妻にとっては実質的に大きな違いがあります。それはこのような妻名義の預金については、他の相続人は税法的な解釈に関わらず妻の相続財産とす

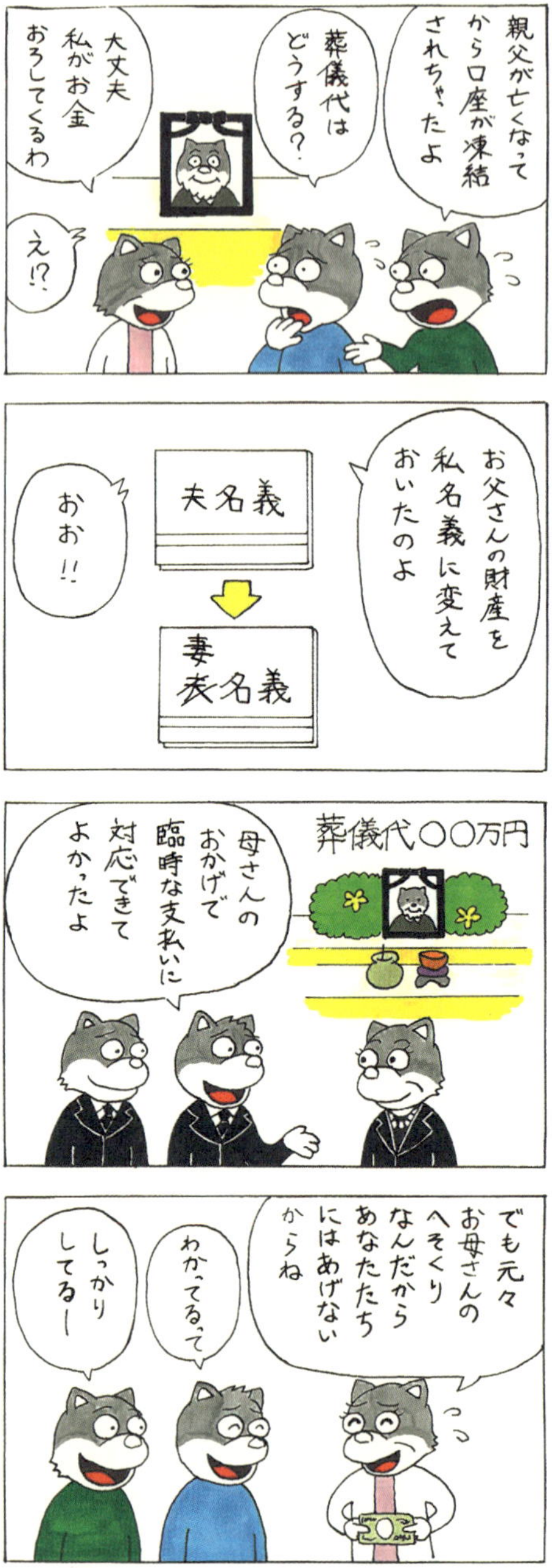

親父が亡くなってから口座が凍結されちゃったよ
葬儀代はどうする？
大丈夫 私がお金おろしてくるわ
え!?
お父さんの財産を私名義に変えておいたのよ
夫名義
妻名義
おお!!
葬儀代○○万円
母さんのおかげで臨時な支払いに対応できてよかったよ
でも元々お母さんのへそくりなんだからあなたたちにはあげないからね
わかってるって
しっかりしてるー

ることに異論を唱えることはほとんどない、という人間心理の一定法則があるからです。

例えば、子が母のへそくりを改めて分割対象にするよう要求することはないでしょう。勿論、巨額の財産をすべて妻名義に変更していれば異論は出るでしょうが、相続で妻が夫から引き継ぐべき預金の20～30％くらいがすでに妻の名義となっていて、それを相続の際そのまま妻のものとしたとしても、分割協議の中で大きな問題にはならないと思います。

また、相続があると、亡くなった人の預金は凍結され原則として引き出しが出来なくなります。引き出すためには、相続人全員で相続の手続書類を金融機関に提出しなければなりません。予め妻の名義にしておくことで、そういうストレスなく葬儀を始め様々な臨時の支払いに対応できるわけです。

第13章

相続する財産の権利調整

1 財産の評価を下げれば相続税は減るが…

相続税が課税される財産をその時価と比較してみると、はっきりわかることがあります。銀行預金は、相続税の計算上の価格と全く同額、つまり、預金残高が１００万円なら相続税評価額も１００万円です。一方、土地は時価といわれる公示価格の80％相当額が相続税評価額となります。土地の取引は、買う人が妥当と考えた時、売買が成立するわけですから、保守的に考えて多少割安になるわけです。土地の形状等にマイナス要因があれば更に5～10％は減額されることは少なくありません。つまり、同じ時価なら、預金で持つより土地で持った方が相続税は安くなる、と言うことができます。

例えば、預金1億円を使って公示価格1億円の土地を買えば、相続税評価額は８０００万円に下がることになります。もちろん、その土地に流通性がなければ、持つことのリスクは大きいですが、もし、購入しても良いと考えられる土地があるならば、購

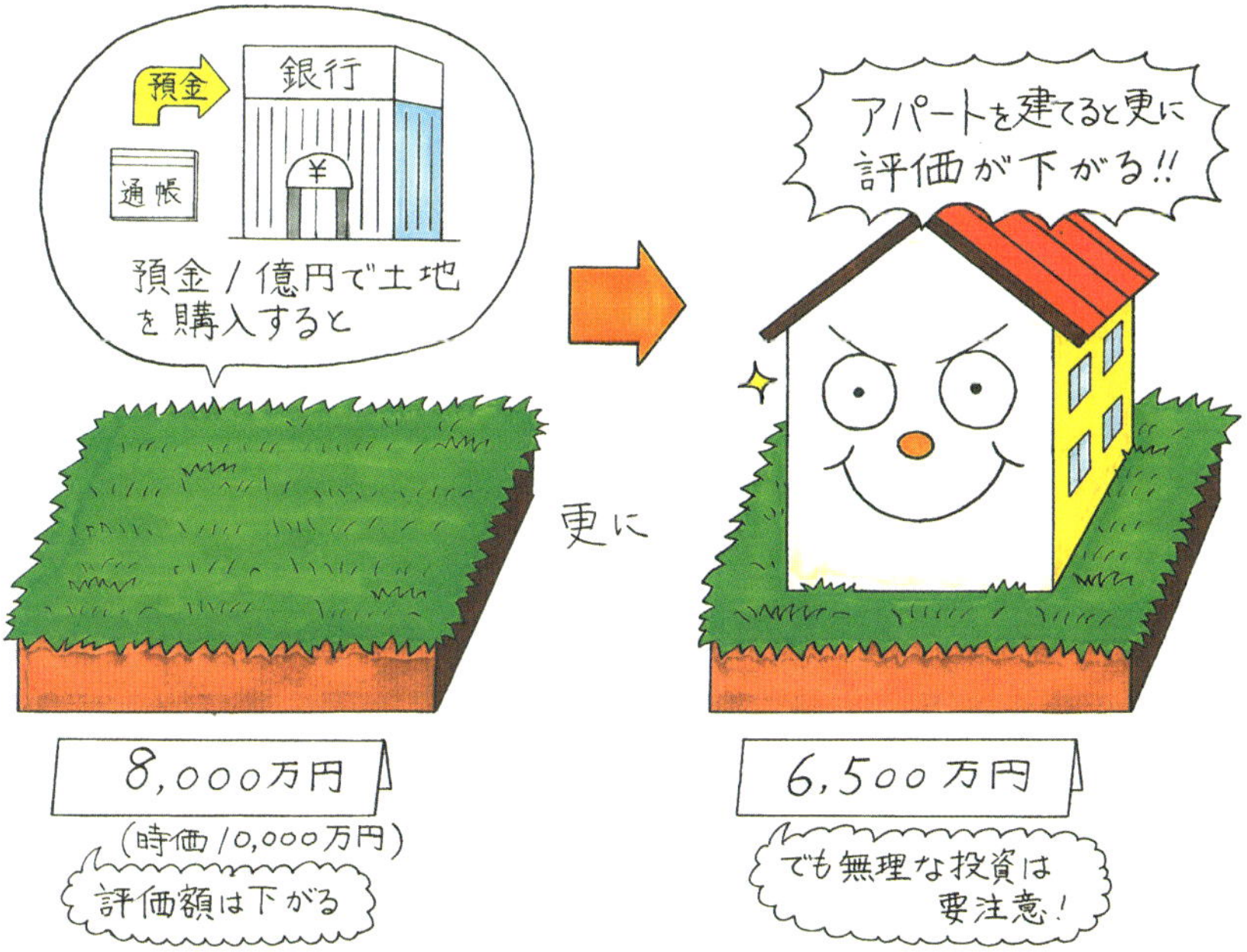

入は相続税対策として一つの方法です。結果的に相続財産が2000万円少なくなるので、沢山の財産を持っている人は相続税が数百万円単位で少なくなる可能性があるわけです。

相続は亡くなった人の全体の財産に対して相続税が課税されるので、その対策という視点では生前に財産を贈与するなどして減らしてしまうか、財産の持ち方を変えて全体の評価額を下げる方法が考えられます。そうした中で、預金を不動産に換えるのは有効な方法ですが、借入金をして不動産を買うのは相続税評価額は下がっても債務が生じるので、原則としては考えるべきではありません。税金対策が過度に進めば、結果的に自己の財産は減っているということは少なくないのです。

ただし、自宅の土地を購入する意欲がある場合には、相続税の軽減には非常に即効性があるので留意しておきたいところです。亡くなった時点でそれが居住用の土地ならば条件が合致すれば３３０㎡までは評価額の80％の減額にもなります。借家の人で沢山の預金を持っているなら、自宅（土地）購入を検討するべきであるといえます。

2 土地の評価額を恐れるな

相続税評価額が1坪３００万円の住宅地といえば、都心でも相当高級な地域です。一家が長く住んでいた住宅も両親が亡くなり、３人の子が相続する場合を考えてみます。

その土地50坪を相続したとすれば、３００万円×50坪で1億５０００万円の相続財産額となります。当然、その価額は相続税の課税対象になり、相続財産がこの土地だけだとして法定相続人３人の場合、合計１５００万円近くの相続税を支払うレベルです。

但し、居住用の土地の評価額は、一緒に住んでいた人が相続すれば３３０㎡（１００坪）までの分は80％減額されます。したがって、この土地もこの小規模宅地の特例を受ける条件に合えば1億5000万円×（1—0.8）＝3000万円が課税額になります。まさに劇的な変化であり、この金額なら基礎控除額（3000万円）ですべて消される金額なので、相続税は課税されないことになります。

一方で、そこに3人が住んでいなければ、特別な場合を除き1億5000万円の評価のままの状態で相続税の課税を受けるわけです。但し、この場合もし現金がなく相続税が払えないとしても、その土地を売却すれば公示価格ベースでみても1億8000万円くらいになる（相続税評価額は公示価格の80％）可能性があるので、もしその金額で売却できれば所得税と相続税の合計額は多くて5000万円くらいの負担となります。確かに多額ですがそれでも差し引き1億3000万円（1億8000万円—5000万円）くらいは手元に残ります。使わない土地の固定資産税を毎年100万円以上払って持ち続けているより、さっさと売った方が余程財産の有効活用が出来そうです。いずれにせよ、小規模宅地の特例が適用出来なくても相続によって〝大変〟な事にはなりません。路線価が高いからといって、一概に恐れる必要はないということをご理解ください。無論、住まないけれども親の遺産の土地は残しておきたいし、相続税を払うお金はないといっているだけでは困りますが…。

3 相続財産の目減りをどう防ぐか

遺産分割協議に参加するにあたり相続する財産をどのように運用していくかを決めておくことは、相続人の心構えの要諦といえましょう。例えば、駐車場を相続する場合、その土地の活用を考える時には次のように検討していきます。

その見方とは財産の価値を守るのか、収入を増やすのか、そのどちらを優先するのかということです。財産の価値を守るということは、今の駐車場をそのままの状態で貸し続けるという考え方です。財産としての土地の時価はそのまま維持し、駐車場収入が毎月一定額入ってきて少しずつお金が貯まっていくというわけです。社会的な変化などで地価が下落しない限り土地そのものの目減りがないので、トータルとして財産の価値は確実に維持できるわけです。

一方、収入を増やすということにシフトをとるという考え方は、土地の上にアパートを建てて家賃収入を図ったり、土地そのものを売却して現金収入を得るという方法です。この内、前者は建物を建てるために新たな資金を使わなければなりません。完成後、賃貸することで思枠通り家賃収入が入れば駐車場で貸しているよりも多くの収入を得ることが

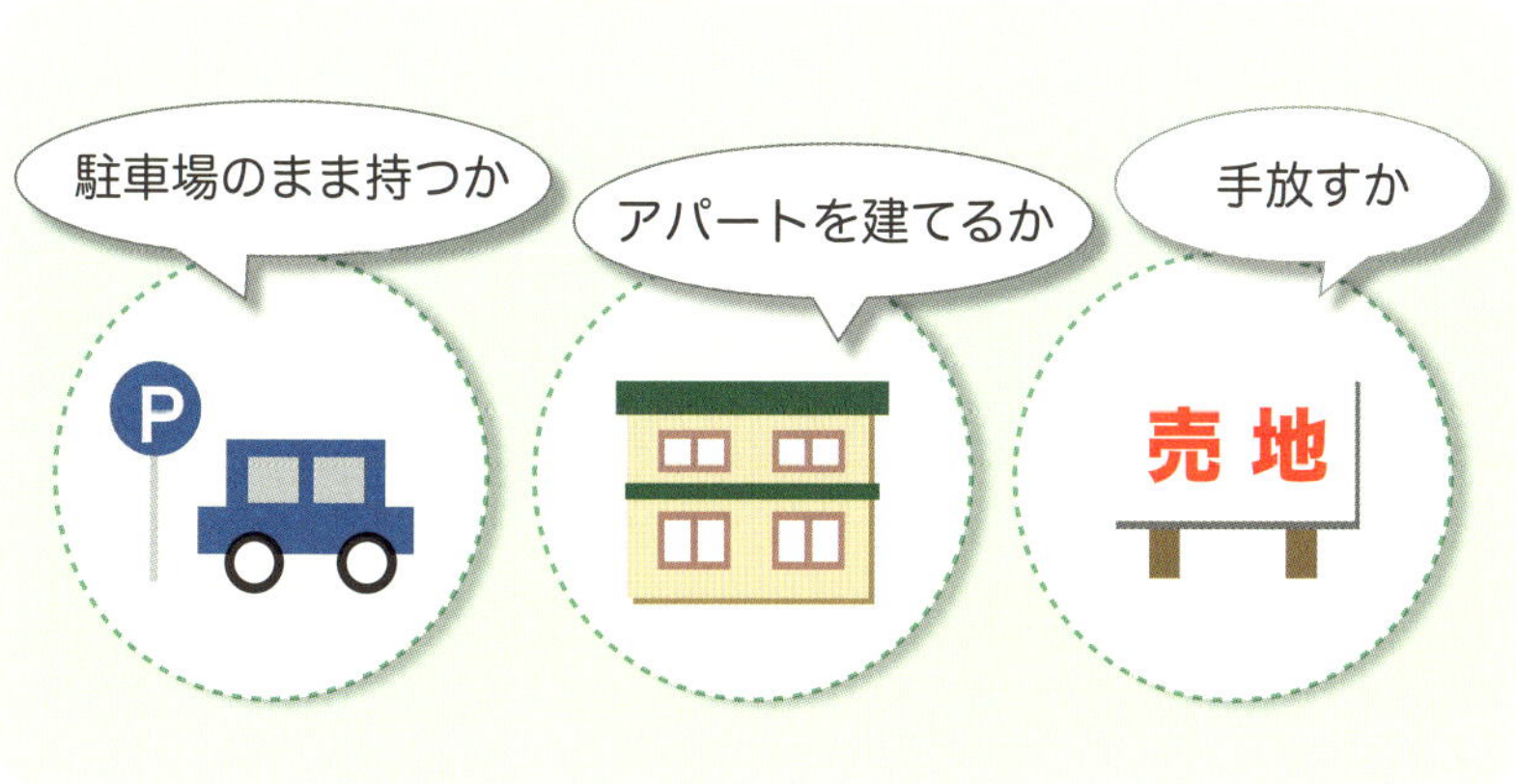

出来ますが、空室が多ければ駐車場だった時と収入はあまり変わらないかもしれません。そして、投資として現金を使ったり、借入をしたりしたことで全体としての自分の財産は確実に目減りをします。特に借入をすれば、返済義務という新たなリスクが生じます。家賃収入がままならず、返済のために手元のお金から更に持ち出しが出ることも十分考えられます。いずれにせよ、アパートを建てるということは、仮に成功すれば収入を増やすことは出来ても一時的に（数年間）はお金を使って建物を建てたことで、相当額の財産が減ることは免れません。

一方、土地を売却した場合は、その時点での土地の価値が売却金額として具体的に明らかになり、それに相当するお金を取得できます。但し、売却の時点でその土地を被相続人が過去に取得した時の価格より高く売れれば、差額については最低20％の所得税等が課税される可能性があり、結果的には土地のまま持っていることと比較すれば財産の目減りが起こる可能性があります。
いろいろ自分の人生設計を考えた上で、財産の相続をしていきたいものです。

4 親子間の住宅ローンの引き継ぎは要注意

今住んでいる一戸建てやマンションに住宅ローンが残っている場合、収入が年金だけだと、そのローンを払い続けることは重荷です。そこで、子供がいて現在は別居していても将来その子に住まわせるという考えがある場合、その子にローンの肩代わりをしてもらうということは、よくあることです。この場合、マンションを贈与（ローンの負担付で譲る）とするのか或いは名義は変えないがローンを子に肩代わりしてもらい、その分を子からの借金へと切り換えるなど選択方法はいろいろありますが、税務上問題となるのは、それぞれに経済的利益が生じる可能性がある時です。つまり、ケースによって所得税や贈与税が課税されるリスクが生じるのです。

マンションを贈与する場合には、もらった子供が贈与税を払う可能性があり、マンションの取引価額（時価）を基に税額が算定されます。もちろん、ローンを同時に引き継ぐのでその額は贈与された財産額から差し引かれます。一定の要件を満たせば、相続時精算課税制度を利用することで２５００万円までは課税されません（ただし、マンションの取引価額よりローンの残高の方が多ければ、親が逆に贈与税を払う可能性もあります）。

一方、贈与する親はマンションの元々の買い値より贈与するときの金額が高ければ、所得税を支払う義務が生じます。また、名義変更をすれば、子は登録免許税や不動産取得税を支払うことになります。そして、親からの不動産の取得は所得税の住宅借入金控除の対象にはならないことも注意したいものです。不動産の名義を変えずに子にローンを支払ってもらう場合には、親子間で消費金銭貸借契約書を作った上で、その契約通りのお金を親は返済しなければ、贈与と認定され贈与税の課税も生じます。

また、親が子に財産を贈与する場合、自分に他に財産がない場合には、もらった子は良くても、それ以外の子からは当然不満が出ます。相続が起これば不満のある相続人は生前贈与の財産に対して特別受益額として遺留分の請求をしてくることも十分考えられます。相続の時のことを踏まえて、財産の移転を考えることが肝要です。住宅と住宅ローンの引き継ぎには、このように様々な権利調整が生じることを忘れないでください。

5 相続財産に所得税はかからない　ただし、こんなことも…

税金にはいろいろな種類がありますが、相続は自分の財産が増えることになる為か、財産を相続した時に支払う相続税を、働いて稼いだ所得から支払う所得税と同じものと勘違いする人をよく見受けます。そして、相続しても相続税を支払う必要のない時は「所得税の申告をしなければ」と思う人もいるようです。しかし、それぞれの税金は全く違う性質のものなので、相続した財産に関する税金は相続税を支払うかどうか、ということで完了します。相続した財産に絡んで所得税を支払うことを考える必要はありません。

但し、この二つの税金が関連することがあります。相続した財産に不動産や株式があり、その不動産等を相続税の申告期限から3年以内に譲渡した場合、売却した不動産に係る譲渡所得（儲け）から支払った相続税を必要経費として控除することができます。つまり、相続税が払い放しでなく、生きて来るわけです。ちなみに、譲渡所得に係る所得税・住民税の税率は長期所有の不動産の場合20％なので、その不動産について相続税として支払った税金の内最大20％が返ってくる、というわけです。

相続の分割協議をする時、不動産を売却処分して換金化しようとすることはよくあることです。したがって、その際支払うことになる所得税の税負担額と相続税を経費にした場合の税額軽減のメリットも踏まえて、各相続人の取り分を考える事も公平な分割には欠かせません。

第14章 土地の保有に関する権利調整

1 不動産を生前対策でどう料理するか

〝相続とは何か〟を大きく分析すれば、遺産分割協議と相続税の納税です。この2つのことに共通して鍵になるのが不動産の扱いです。同じ不動産でも、どういう形態で持つかで相続税の評価額が変わりますし、誰が相続するかで相続税額も大きく動きます。

まず、居住用として持つか賃貸で持つか、或いは売却して資金として持つか、所有している不動産について各々方向づけをすることが大切です。居住用で持っている土地は、相続した人がそのまま住み続けるならば100坪（330㎡）までは評価額を80％減額できます。この条件に適うならば、生前に売却したりしないよう注意が必要です。

逆に条件に合致しないなら、例えば居住用で250坪の土地の場合、80％減額が適用となる100坪を超える150坪部分は課税される金額が一気に高くなるので、その土地は分筆して一部を売却し新たにどこかに賃貸物件を購入するような手段を講じることが考えられます。賃貸にすれば、お金のまま持っている場合や更地で持っている場合と比べ、土地の評価額が下がります。賃貸物件は不動産収入が入ってくるので相続だけでなく生前の生活防衛にもつながります。土地を売却することにあまり気が進まないならば、居住用の土地の一部に建物を建てて賃貸したり、定期借地権として誰かに貸して地代収入を得る、ということも考えられます。この場合も、更地評価となる100坪を超える土地の評価額を大きく下げることが出来ます。

このように様々な形で土地を所有することで相続税対策が具体的に進みます。その際、相続時には誰がその土地を引き継ぐかということを考えておくことも大切です。居住用ならば何をおいても同居している妻ですが、賃貸物件がある場合は、生活収入が少ない相続人に残すことが有効です。収入が多い賃貸物件なら、共有名義にすることで複数の相続人の収入につなげることも正攻法といえます。

収入は生まないけれども将来的にも保有しておきたい土地は所得の多い相続人に相続させ、資産価値は低くても家賃収入があるなど日々の家計を確実に助ける建物は、所得の少ない人に引き継がせることもよくある方法です。

ところで、建物の固定資産税評価額は取得時でも実際の購入価額の60％程度であり、更に古くなればなるほど時価と比べて固定資産税評価額が下がります。この固定資産税評

価額が相続税や贈与税の評価額として使われるので、生前対策で建物だけを贈与すればわずかな贈与税の負担で収入のない家族（相続人）の生活を助けることになります。

不動産保有会社を作って、その会社に土地、建物の所有権を移動させることも相続対策として有効な方法です。所有権を会社に移すと売主である個人は一定の所得税の負担が生じる可能性があります。元々取得費が小さい物件を移転すると時価（売価）との差で儲け（所得）が出てしまうので注意が必要です。逆に、今より時価が高い時に買った不動産などは、会社に移しても売却損となり所得税は生じません。

また、移転の方法も現物出資という形、つまり株式にして所有するようにすれば、その会社の株式の相続税評価額は不動産としてその人が持っていた土地のそれよりも大幅に下がる可能性があります。つまり、いずれ相続人に引き継ぐという事実上の目的は変わらなくても、不動産そのものではなく株式という形で間接的に持つことで相続税対策になるわけです。株式という形での相続となるので、複数の相続人が株主としてこの会社を所有する可能性が強くなり、会社の役員や従業員として不動産の管理などの仕事をして給料の支払いを受けるような方策を取ることもできます。

2 土地の評価方法をしっかり見極める

相続財産の中で最も大きな比重を占めるのが土地の評価額です。本来、土地は時価で評価しますが、その時価のとり方は一般的なものでも沢山有ります。流通価格、公示価格、固定資産税評価額、等々です。相続税の申告に用いる時価が相続税評価額で、これは公示価格の80％相当額であり、固定資産税評価額の概ね1.1倍の金額です。一般的に売買されている金額よりも多少低いわけですが、これも土地ごとに特性があり、駅周辺の土地の場合、実際の相続税評価額の2倍以上の取引価額になることも珍しくありません。宅地の場合、都市周辺では土地に付着した道路に路線価が決められており、この路線価（1㎡の金額）に地積（面積）を乗じて相続税評価額を計算します。地方では固定資産税評価額に倍率を乗じて計算することが多く、宅地の場合1.1倍を乗じることが一般に多いようです。

また、この金額は路線価方式の土地の場合土地ごとに間口が狭かったり、奥行きが深かったり、土地の形がいびつだったりすることを考慮して、一定の減額評価することが認められています。土地が一定以上の大きさだと広大地評価が適用され、かなり減額できることもあります。

倍率方式の場合は、土地固有のマイナス点は固定資産税の価額にすでに考慮されており、基本的には減額ができません。このように土地の評価額は一定の計算式の元、算出することになります。

土地を借りて家を建てることを借地権といい、通常借地権が設定されている土地の評価額は更地の半分以下になります。一方、借地権の持主は土地に準ずる価値として借地権の評価額を相続税評価額として相続財産に加えなければなりません。借地権の割合も、税務署が地域ごとに定めており、繁華街へ行くほどその権利は大きくなります。一方、北海道や東北の過疎地などは借地権がない地域も多く（つまり無償で家を建てられる所という解釈です）そうした所の土地の所有者は、仮に誰かに家を建てさせていても、土地の価額をそのまま相続財産とすることになります。

土地は様々な形で使用されており、その価値を相続時に評価額として算出し、預金等の財産と合わせて分割協議をしますが、お金そのものと違って、相続人の中でも土地に対しての価値評価はそれぞれ異なります。例えば、その土地に住みたい相続人とお金にならなければ価値がないと思う相続人がいれば、評価額とは別の次元で分割協議がなされることも当然あります。

3 山は相続財産といえるのか

山は、多くの場合、沢山の人の名義の共有財産です。宅地のように隣地との間に杭が入っていることはほとんどありませんので、どこからが自分の山（財産）なのかは見た目では

わかりません。

ところで、その山を誰が相続するかあまり争いにならないのは、その山を売っていくら、といった経済的価値の生じることがほとんどないからです。それどころか、住宅地に近い山林は倒木や土砂崩れがないように管理責任を求められたり、大きさによっては固定資産税を負担させられたり、マイナス要因の方が多いようです。管理も負担がかかるので、行政に無償での寄付を申し出ても、けんもほろろに断られてしまいます。山は、行政にとっても「手がかかるだけ」ということになっています。ところが、相続の際は相続税で定めた評価方法に従って評価するとそれなりの金額がついてしまいます。十分相続税の対象として機能してしまうのです。

相続人の間での分割協議では、こうした評価額ではなく、実質的な価値でみることが必要です。つまり、場合によってはマイナスの財産ともいえる山を相続しなければならなくなった人の取り分は、山をプラスとみるのかマイナスとみるのか、相続人の間で確認した上でその他の財産の分割方法について考えるのが良いでしょう。

本来、資産というのは、財産価値がマイナスになることはあり得ないのですが、山に限ってはそうともいえないのです。むろん、檜や欅など、高級な木々が植林された山の価値などは、全く別物ですが…。

4 山の評価を下げる方法

山を所有している場合、その所有ということに価値を感じることは日常の中ではほとんどないと思います。それどころか少ないとはいえ固定資産税を負担したり、枝払いなどの管理など、出費で頭を悩まされます。大雨が降れば土砂崩れなどで誰かに迷惑をかけないかと心配なこともしばしばあります。相続の時がそのピークであり、市街地にある山林については相当の評価をしなければならず、相続税の負担は驚くような金額になることがあります。

この場合のコツとして、相続税法上の評価によらず、不動産鑑定士による鑑定評価をして評価を軽減させることが考えられます。鑑定料が数十万円かかりますので、面積の少ない山林の評価ではメリットはありませんが、鑑定料は土地の大きさによってさほど変わらないので、沢山の山林を持っている場合には有効です。

鑑定で山林の評価が相続税評価額の何分の一かになることも少なくありません。但し、税務調査の際に鑑定そのものについて修正を指摘されることも有ります。鑑定された評価額を使ってそのまま相続税の申告をすることは、全くリスクがないわけではないので、あくまで一つの根拠と考えてください。

第15章 保険金の権利調整

1 生命保険金は他の相続財産とはどこが違う

被保険者が亡くなると生命保険金は指定された受取人に支払われます。通常、生命保険金の受取人は法定相続人以外は認められないので、その保険金は相続人が受け取ることになります。

相続する時の財産の中で大きな比重を占めるのが生命保険です。もちろん加入していないケースも多いのですが、人によってはいくつも加入していますし、一つだけでも大きな保険だと5000万円くらいのお金が入ってきます。普通は保険金受取人が決まっていますが、郵便局の保険など受取人を法定相続人としているケースもあります。いずれの場合も、保険金を受け取った人の固有の財産であり、相続財産として遺産分割協議の対象になるものではありません。しかし、生命保険金も相続税の課税対象とみなされ、申告上は相続財産に加算されます。したがって、相続人の中で生命保険金を沢山もらった人は相続税も沢山払うとか、全体の相続財産とのバランスで他の財産は多少他の相続人より少なめにもらうようにするという配慮も必要となります。

生命保険金は相続とは別のものだから法定相続分はそれはそれで当然にもらう、という主張は話し合いがこじれる危険があります。生命保険金の受取人をある1人の法定相続人にした場合、亡くなった人は当然その人の相続分にその生命保険金が入ることも見込んで全体の財産の相続の形を考えていたはずだからです。

ところで、相続税の対象となった生命保険金は法定相続人1人当り５００万円が非課税となりますので、仮に法定相続人が4人いれば受取人は1人でも２０００万円まで非課税となり、そのメリットは大きいのです。日本の生命保険会社が掛け捨ての定期保険を徹底的に推奨した結果ともいえますが、現在70才以上の人で大きな生命保険に加入している人は意外に少ないようです。最低でも５００万円 × 法定相続人の数、くらいは生命保険金を受け取ることができるようにしておくことが、相続税対策の一つのテクニックといえます。

さて、特定の相続人だけが生命保険金を取得するとその分は遺産分割協議の対象にならないので、法定相続の計算上他の相続人の間で「貰い過ぎ」という不満が募ります。結果的には、生命保険金の事も考慮して各相続人の取得分を決めるのが妥当でしょう。

つまり、他の相続人は生命保険をもらった人に非課税枠において一定のサポートをしているわけであり、相続全体の中で借りを返さなければならないともいえるわけです。

ところで、高齢者でも加入できる生命保険で、加入時に一時払いをする保険料と生命保険金の金額がほどんど同額のような生命保険があります。相続財産を沢山持っている人の場合はこうした生命保険に加入して、預金を保険料に変えておくことは相続税対策としては有効といえます。預金で持っていたお金を保険料として払込むことで、生命保険金が非課税になる分だけ相続税の課税財産が減ることになるからです。

2 相続財産になる生命保険契約の権利

相続の際、亡くなった人が保険料を支払っていた生命保険契約で、被保険者がその人（亡くなった人）でない場合、その保険契約は継続しますので契約は相続人に引き継がれます。保険の内容によっては多額の保険料を支払っている場合もあり、亡くなった時点で解約するとかなりの解約返戻金が戻ってくることもあります。

この場合、この返戻金の見積額は相続財産に含められ、相続税の課税対象となります。通常、保険契約者が保険料を支払うことがほとんどですが、契約者かどうかに関わらず保険料を負担している人が、その保険の「所有者」となります。所有者が被相続人であれば相続税が課税されますので、相続の際には亡くなった人に関する保険契約はすべて確認してみることが必要です。

そして、亡くなった人がその保険の「所有者」か否かは、その人が保険料の払込をしていたり、その人の銀行口座から保険料が引き落としになっているかどうかで判断できます。

亡くなった人の財産で換金価値があるものは相続財産になる、と判断すれば良いでしょう。なお、相続で生命保険金の支払いがあった時は生命保険の保険料を負担していた人と亡くなった人が違う場合は、生命保険の受取人には保険料を負担していた人からの贈与（負担していたのが自分なら自分の所得）という扱いで贈与税（所得税）が課税され、相続税とは切り離した取り扱いになります。

3 交通事故で死亡した時の損害賠償金の扱い

家族が車にはねられて死亡するということは、耐えられない悲しみをもたらします。この場合の相続の考え方について、大きな注意点があります。それは、損害賠償保険が支払われた場合の取り扱いについてです。

まず税制上ですが、不法行為により生命侵害があった場合、これによって遺族が支払いを受ける損害賠償金には相続税は課税されません。受取った遺族の所得になりますが、所得税法上非課税となり結局課税されません。また、自動車損害賠償保険（自賠責保険や自動車任意保険）から支払われるお金は、事実上生命保険金部分があるとしても、主たる意味あいは精神的損害や将来の逸失利益などを総合した損害賠償金であり、全体の受取額の中で生命保険金部分を切り離して考えることは困難です。

したがって、これらの保険から支払いを受けたお金は、明らかに相続税の課税対象になると判断されるものを除いて、通常の生命保険金と異なり相続税の課税財産と考える必要はありません。つまり、相続税の課税を受けないわけですが、その金額そのものは相当な額になると思われるので、相続人の誰が引き継ぐかは大きな問題です。一つの目安として、他に相続財産がなければ配偶者が主として引き継ぎ、配偶者がいない場合や相続財産がたくさんある場合には、法定相続分を目安に各相続人が分ければ良いでしょう。

第16章 債務・お墓の権利調整

1 債務があれば相続税が少なくなる

被相続人の債務を引き継ぐことそのものは相続人にとって決して嬉しいことではありませんが、相続税の計算上、債務の金額は財産額から控除できるので税金を減らす為には大切な要素です。債務とは、亡くなった人の借入金や、未払いの税金、預っていた保証金など、返さなければいけない相手が特定されているものです。一方、借入をしていても金額がはっきりしていないものや、相手が不確定なものは認められません。

借入金の連帯保証人などは日頃表面化していない分、自分が借入した以上に恐いものですが、これは相続によって相続人に引き継がれます。しかし、実際に支払の義務は起きていないので、債務として控除することはできません。実際には、連帯保証の額が高額の場合、相続放棄をすることも選択肢として起きます。もう少し税制上も考慮してほしい点といえるでしょう。

葬式に関するもので、通夜や告別式の費用は相続財産から控除できます。お寺へのお布施など領収書がないものでも、支払ったことが間違いないものは認められます。一方、四十九日の頃に支払う香典返しやお墓や仏壇の購入費用は認められません。

これらは、相続発生時には必ずしも債務ではないものであり、相続人の都合で起きた支払いであるので認められない、ということなのでしょう。

2 お墓の取得時期を誤るな

相続税対策としては新たに自分の墓を買う場合は、生前に支払いまで済ませてしまうことが肝要です。お墓を買うと墓石代の他、永代使用料という土地の借り代をお寺や霊園に支払わなければなりません。お墓を建てる土地が０．５坪程度でも墓石を新しく作れば全部で２００万円～３００万円くらいは掛かります。被相続人が亡くなった後に相続人が建立すると、その費用は相続財産の金額から控除できません。

税金計算上は、相続前つまり生前に買っておいた方が有利なわけです。また自分が入るお墓の環境や形、更に亡くなった後の長い時間を弔ってくれる寺や霊園を自分が納得した中で、じっくり選ぶのは当然の手続ともいえます。こうしたことから、生前にお墓を選んだり、葬儀の方法を考える人が増えています。

季節ごとに新聞に沢山の霊園の折込広告が入っているのを見ることも多いと思いますが、インターネットを使って探すと、より詳細の情報を把握できます。特に、家の宗派がある方はその宗派に連なる寺とその墓地を中心に選択することが当然の進め方になります。そして、将来の祭祀を司る人を相続人の中からしっかり方向づけておくことも大切な準備です。

3 無縁になる人のお墓の準備

高齢化・少子化で、自分が亡くなる頃にはその死後の相談をする親しい相手がいないということが起きています。家族がいない、親族がいない、そして、友達もいない、仮に生きていても会って話をできる状態にない、という無縁状態です。

この場合にまず考えなければならないのがお墓の確保です。元々寺の墓地や霊園に「家」の墓があり、管理者と永代管理契約をしていれば、あとは年毎の費用を一括（永代分）して支払っておくことで一応の死後の保全は計られます。

無縁になり誰も来ないお墓

霊園によっては、33回忌を超えれば、区分された一つの墓から有縁の合祀墓に移されることもあるし、寺の場合も廃寺になれば、その後の管理は儘ならなくなることも起きるでしょう。また、お墓があっても相続人がその後の管理料の支払いなどをせず一切寺や霊園と連絡を断てば、寺や霊園は墓地に立て看板を立てて、縁者や権利者へ一年間申し出期間を持った後、名乗り出が無ければ無縁墓への改葬を行ないます。どんなに準備しても未来永劫その形が続くわけではないので、一定の保全ができれば良しとすべきなのでしょう。

一つの対策として、元々寺や霊園がない人は事前に墓石を買い、墓地を借り受ける手続をしておきたいものです。お墓を建てれば数百万円の費用が必要となります。当面その資金がなければ、例えば、自宅等を相続時に精算する旨一定の契約をして、資金の借入を行ない、寺などに墓の埋葬一式を委託する方法などもあります。こうした一連の手続を司る人として遺言執行者を定め、遺言で方向づけをしておくと良いでしょう。

全く財産がなく墓もない人が亡くなり、引き取り手がいない場合、その人は「無縁」となり、行政の費用で火葬された上、無縁墓を司る寺や霊園に埋葬されることになります。

漫画・イラスト／ 稲塚 亮二

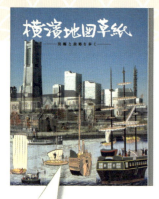

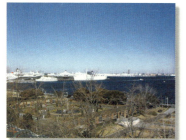

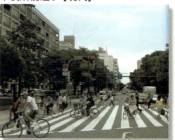

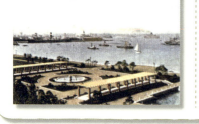

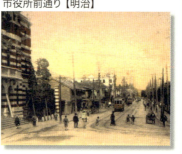

● 田中　潤（たなか　じゅん）●
税理士。公益社団法人東日本大震災雇用・教育・健康支援機構理事長。公益社団法人受動喫煙撲滅機構　理事長。

著書に「小さな会社の起こし方・儲け方」（日本実業出版社）、「50代の独立起業を決断したら読む本」（実務教育出版）、「こんな税金ならよろこんで払います」（オーエス出版）他。

また、犬懸坂祇園のペンネームで、鎌倉地図草紙、横濱地図草紙、鎌倉音楽絵巻（ＣＤ）、「横濱を旅する…昭和のはじめ」（開港150周年記念ＤＶＤ）（いずれも歴史探訪社）などを制作。
● 一般社団法人 相続よろず相談所［Tel 045-228-8474］

きっと今までになかった
相続の権利調整を考える本
2015年8月20日　初版第1刷

著　者　田中　潤
発行人　田中　裕子
発行所　歴史探訪社株式会社
〒248-0007　鎌倉市大町2-9-6
Tel. 0467-55-8270
http://www.rekishitanbou.com/
発売元　株式会社メディアパル
〒162-0813　東京都新宿区東五軒町6-21
Tel 03-5261-1171
印刷・製本　新灯印刷株式会社

ISBN978-4-8021-3010-3　C2036